封泥考略

卷五至卷十

點校本

(清)吴式芬 (清)陳介祺 輯
張月好 點校

西泠印社出版社

封泥攷略卷五目

海豐吳式芬子苾
濰縣陳介祺壽卿 同輯

漆令之印 陳藏

弘農郡

商長之印 陳藏

太原郡

晉陽令印 吳藏

河內郡

懷令之印 陳藏

懷令之印 吳藏

軹令之印 陳藏

河南郡

緱氏令印 陳臧

新城令印 陳臧

新城令印 陳臧

新城令印 陳臧

新□令□ 坿 陳臧

南陽郡

冠軍令印 吳臧

盧江郡

睆長之印 陳藏

山陽郡

瑕丘邑令 吳藏

沛郡

相令之印 吳藏

魏郡

鄴令之印 吳藏

桂陽郡

臨武長印 吳藏

漢中郡

成固令印 陳臧

廣漢郡

汁邡長印 陳臧

汁邡長印 吳臧

汁邡長印 吳臧

涪長之印 陳臧

涪長之印 陳臧

涪長之印 陳臧

涪長之印 陳藏

涪長之印 陳藏

涪長之印 陳藏

涪長之印 吳藏

涪長之印 吳藏

涪長之印 吳藏

雒令之印 陳藏

雒令之印 吳藏

緜竹長印 陳藏

緜竹長印 陳藏

廣漢長印 陳藏

葭明長印 陳藏

葭明長印 吳藏

新都長印 陳藏

新都長印 陳藏

新都長印 吳藏

剛羝道長 陳藏

蜀郡

青衣道令 陳臧
青衣道令 陳臧
青衣道令 陳臧
青衣道令 陳臧
嚴道令印 陳臧
嚴道長印 陳臧
嚴道長印 陳臧
嚴道長印 陳臧
嚴道長印 陳臧

嚴道長印 陳臧

嚴道長印 陳臧

嚴道長印 陳臧

嚴道長印 陳臧

嚴道長印 吳臧

嚴道長印 吳臧

嚴道長印 吳臧

犍爲郡

牛鞞長印 陳臧

牛鞞長印 陳藏

牛鞞長印 陳藏

朱提長印 陳藏

越嶲郡

靈關道長 陳藏

靈關道長 陳藏

靈關道長 陳藏

巴郡

朐忍令印 吳藏

魚復長印 陳藏

魚復長印 吳藏

西河郡

中陽令印 吳藏

樂街令印 陳藏

代郡

道人令印 吳藏

膠東國

壯武長印 陳藏

梁國

菑合之印　陳臧

魯國

薛合之印　陳臧

薛合之印　陰文　陳臧

六安國

六合之印　吳臧

附無攺合長印

□陽邑合　陳臧

□臺令印 陳臧

蘄施長印 陳臧 二殘者合一

封泥攷略卷五

胡令封泥

右封泥四字印文曰。胡令之印。桉漢書地理志。京兆尹湖縣。

故曰胡。武帝建元六年更名湖。此胡字上有缺。不作湖。建元前之令印也。百官公卿表。縣令長。皆秦官。掌治其縣。萬戶以上爲令。秩千石至六百石。減萬戶爲長。秩五百石至三百石。皆有丞尉。秩四百石至二百石。是爲長吏。大率方百里。其民稠則減。稀則曠。鄉亭亦如之。皆秦制也。列侯所食縣曰國。皇太后皇后公主所食曰邑。有蠻夷曰道。又續漢書百官志。每縣丞各一人。尉大縣二人。小縣一人。

雝令封泥

右封泥四字印文曰。雝令之印。桉漢書地理志。右扶風有雝縣。此其令印也。

漆令封泥

右封泥四字印文曰。漆令之印。桉漢書地理志。漆縣。屬右扶風。史記絳侯世家。北攻漆。令。詳前。

商長封泥

右封泥四字印文曰。商長之印。桉漢書地理志。商縣。秦相衛鞅邑也。屬弘農郡。長。詳前。

晉陽令封泥

右封泥四字印文曰。晉陽令印。桉漢書地理志。晉陽縣。故詩唐國。屬太原郡。令。詳前。

懷令封泥

右封泥四字印文曰。懷令之印。令字有泐。桉漢書地理志。懷縣。屬河內郡。印字是秦篆。又有十闌。殆秦物也。

懷令封泥

右封泥四字印文曰。懷令之印。桉漢書地理志。懷縣。屬河内郡。令。詳前。

軹令封泥

右封泥四字印文曰。軹令之印。桉漢書地理志。軹縣。屬河内郡。令。詳前。

緱氏令封泥

右封泥四字印文曰。緱氏令印。桉漢書地理志。緱氏縣。屬河南郡。左傳昭二十二年杜注。矦氏。周地。即緱氏也。令。詳前。

新城令封泥

右封泥四字印文曰。新城令印。桉漢書地理志。新成縣。惠帝四年置。屬河南郡。續志作新城。是令詳前。

新城令封泥

右封泥四字印文曰。新城令印。詳前。

新城令封泥

右封泥四字印文曰。新城令印。詳前。

新□令封泥

右封泥四字印文曰。新□城令□。印詳前。

冠軍令封泥

右封泥四字印文曰。冠軍令印。桉漢書地理志。冠軍縣。武帝置。屬南陽郡。令。詳前。

睆長封泥

右封泥四字印文曰。睆長之印。桉漢書地理志。睆縣屬廬江郡。本志作睆。後世地理志皆作皖。蓋通用也。長詳前。

瑕丘邑令封泥

右封泥四字印文曰。瑕丘邑令。桉漢書地理志。瑕邱縣。屬山陽郡。令。詳前。

相令封泥

右封泥四字印文曰。相令之印。桉漢書地理志。相縣。屬沛郡。

令。詳前。

鄴令封泥

右封泥四字印文曰。鄴令之印。桉漢書地理志。鄴縣。屬魏郡。令詳前。

臨武長封泥

右封泥四字印文曰。臨武長印。桉漢書地理志。臨武縣。屬桂陽郡。長。詳前。

成固令封泥

右封泥四字印文曰。成固令印。桉漢書地理志。成固縣。屬漢中郡。令。詳前。

汁邡長封泥

右封泥四字印文曰。汁邡長印。桉漢書地理志。汁邡縣。屬廣漢郡。汁作什。(三)邡作方。續漢書郡國志及說文作什邡。唯隸釋王君平鄉道碑武都丞呂國題名作汁邡。(三)與印同。當以碑印爲正也。長。詳前。

汁邡長封泥

右封泥四字印文曰。汁邡長印。詳前。

汁邡長封泥

右封泥四字印文曰。汁邡長印。詳前。

涪長封泥

右封泥四字印文曰。涪長之印。桉漢書地理志。涪縣。屬廣漢郡。長。詳前。

涪長封泥

右封泥四字印文曰。涪長之印。詳前。

涪長封泥

右封泥四字印文曰。涪長之印。詳前。

涪長封泥

右封泥四字印文曰。涪長之印。詳前。

涪長封泥

右封泥四字印文曰。涪長之印。詳前。

涪長封泥

右封泥四字印文曰。涪長之印。詳前。

涪長封泥

右封泥四字印文曰。涪長之印。詳前。

涪長封泥

右封泥四字印文曰。涪長之印。詳前。

涪長封泥

右封泥四字印文曰。涪長之印。詳前。

雒令封泥

右封泥四字印文曰。雒令之印。按漢書地理志。雒縣。屬廣漢郡。令。詳前。

雒令封泥

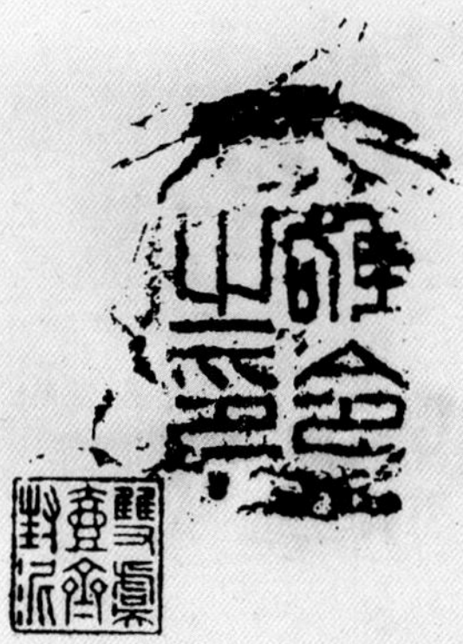

右封泥四字印文曰。雒令之印。詳前。

緜竹長封泥

右封泥四字印文曰。緜竹長印。桉漢書地理志。緜竹縣。屬廣漢。郡。長。詳前。

緜竹長封泥

右封泥四字印文曰。緜竹長印。詳前。

廣漢長封泥

右封泥四字印文曰。廣漢長印。桉漢書地理志。廣漢縣。屬廣漢郡。長。詳前。

葭明長封泥

右封泥四字印文曰。葭明長印。桉漢書地理志。葭明縣。屬廣漢郡。長。詳前。

葭明長封泥

右封泥四字印文曰。葭明長印。詳前。

新都長封泥

右封泥四字印文曰。新都長印。桉漢書地理志。新都縣。屬廣漢郡。長。詳前。

新都長封泥

右封泥四字印文曰。新都長印。詳前。

新都長封泥

右封泥四字印文曰。新都長印。詳前。

剛羝道長封泥

右封泥四字印文曰。剛羝道長。桉漢書地理志。剛氐道。屬廣漢郡。此作羝。長。詳前。

青衣道令封泥

右封泥四字印文曰。青衣道令。桉漢書地理志。青衣道。屬蜀郡。令。詳前。

青衣道令封泥

右封泥四字印文曰。青衣道令。詳前。

青衣道令封泥

右封泥四字印文曰。青衣道令。詳前。

青衣道令封泥

右封泥四字印文曰。青衣道令。詳前。

嚴道令封泥

右封泥四字印文曰。嚴道令印。桉漢書地理志。嚴道縣。屬蜀郡。令。詳前。

嚴道長封泥

右封泥四字印文曰。嚴道長印。嚴道。詳前。前曰令。此曰長。一道而有令有長。官名隨民戶增減更易。此萬戶以下之長之印也。

嚴道長封泥

右封泥四字印文曰。嚴道長印。詳前。

嚴道長封泥

右封泥四字印文曰。嚴道長印。詳前。

嚴道長封泥

右封泥四字印文曰。嚴道長印。詳前。

嚴道長封泥

右封泥四字印文曰。嚴道長印。詳前。

嚴道長封泥

右封泥四字印文曰嚴道長印。詳前。

嚴道長封泥

右封泥四字印文曰。嚴道長印。詳前。

嚴道長封泥

右封泥四字印文曰。嚴道長印。詳前。

嚴道長封泥

右封泥四字印文曰。嚴道長印。詳前。

嚴道長封泥

右封泥四字印文曰。嚴道長印。詳前。

嚴道長封泥

右封泥四字印文曰。嚴道長印。詳前。

牛鞞長封泥

右封泥四字印文曰。牛鞞長印。桉漢書地理志。牛鞞縣。屬犍爲郡。長。詳前。

牛鞞長封泥

右封泥四字印文曰。牛鞞長印。詳前。

牛鞞長封泥

右封泥四字印文曰。牛鞞長印。詳前。

朱提長封泥

右封泥四字印文曰。朱提長印。桉漢書地理志。朱提縣。屬犍爲郡。提。漢洗作⿰木是。木手二旁往往多溷。而說文無⿰木是字。此作提。从手。當以提爲正也。長。詳前。

靈關道長封泥

右封泥四字印文曰。靈關道長。桉漢書地理志。靈關道。屬越嶲郡。長。詳前。

靈關道長封泥

右封泥四字印文曰。靈關道長。詳前。

靈關道長封泥

右封泥四字印文曰。靈關道長。詳前。

朐忍令封泥 三

右封泥四字印文曰。朐忍令印。桉漢書地理志。朐忍縣。屬巴

郡。錢氏漢書辨疑曰。續漢書郡國志及曹全碑竝作朐忍。顔籀音朐爲劬是也。闞駰十三州志乃云。朐[四]音春。䏰[五]音閏。其地下。溼多朐[六]䏰蟲。因以名縣。既有春音。則字已近於朐[七]矣。然玉篇中尚無朐[八]字。杜佑通典州郡門作朐䏰。朐音如順切。䏰音如尹切。讀如閏。蠢君卿雖從闞音。而字猶未變。至徐鉉校定說文解字。竟於肉部附入朐[九]䏰二字。亦可謂不攷舊章好信異說者矣。今詳前

魚復長封泥

右封泥四字印文曰。魚復長印。桉漢書地理志。魚復縣。屬巴郡。長詳前。

魚復長封泥

右封泥四字印文曰。魚復長印。詳前。

中陽令封泥

右封泥四字印文曰。中陽令印。桉漢書地理志。中陽縣。屬西河郡。令。詳前。

樂街令封泥

右封泥四字印文曰。樂街令印。桉漢書地理志。樂街縣。屬西河郡。令。詳前。

衟人令封泥

右封泥四字印文曰。衟人令印。桉漢書地理志。道人縣。屬代郡。衟。古文道。令。詳前。

壯武長封泥

右封泥四字印文曰。壯武長印。桉漢書地理志。壯武縣。屬膠東國。長詳前。

菑令封泥

右封泥四字印文曰。菑令之印。桉漢書地理志。菑。故戴國。縣屬梁國。令。詳前。

薛令封泥

右封泥四字印文曰。薛令之印。桉漢書地理志。魯國。故秦薛郡。高后元年爲魯國。屬豫州。有薛縣。後漢書蓋延傳注。薛縣故城在今徐州滕縣東南。令。詳前。

薛令封泥

右封泥上又覆以泥。遂成陰文反字右行。與薛令之印封泥同出土中。亦封泥未有之奇也。

六合封泥

右封泥四字印文曰。六合之印。桉漢書地理志。六。故國。皋繇後。偃姓。爲楚所滅。縣屬六安郡[十]。令詳前。

□陽□令封泥

右封泥四字印文曰。□陽□似邑令。漢縣□陽名者百餘。偏旁此泐字。皆不似。附令後。

□臺令封泥

右封泥四字印文曰。□臺令印。漢縣名有平臺陽臺。未可肊定。令。詳前。

蘄施長封泥

右封泥四字印文曰。蘄施長印。漢志有蘄縣虒施縣。無蘄施縣。或是以殘封泥二合一。中有長字。姑附縣長後。以存古文字。

卷五校記

〔一〕『汁作什』，按《漢書·地理志》，中華書局一九六二年版『點校本二十四史』本、『百衲本』、北宋刻遞修本、元大德九年太平路儒學刻明成化正德遞修本作『汁』，宋慶元元年建安劉元起刻本、宋蔡琪家塾刻本、宋嘉定十七年白鷺洲書院刻本作『什』。

〔二〕『隸釋王君平鄉道碑武都丞吕國題名作汁邡』，按『四部叢刊三編』影印明萬曆刻本、乾隆年間汪氏樓松書屋《隸釋》《隸續》合刻本、中華書局影印同治年間洪氏晦木齋合刻本《隸釋》，未見《王君平鄉道碑》《武都丞吕國題名》二碑。二碑見於洪适後輯之《隸續》卷十一。

〔三〕『忍』，誤，當作『忍』。下同。稿本作『忍』。

〔四〕『朐』，按清光緒中廣雅書局刊民國九年番禺徐紹棨彙編重印『廣雅書局叢書』本、『叢書集成初編』據『史學叢書』排印本《漢書辨疑》作『朐』。〔六〕至〔九〕同。

〔五〕『腮』，誤，當作『腮』。下同。稿本作『腮』。

〔十〕『六安郡』，按《漢書·地理志》作『六安國』。

封泥攷略卷六目

漢縣邑道官印封泥

丞 坿圖

京兆尹

長安丞印 陳臧

長安丞印 陳臧

長安丞印 陳臧

海豐吳式芬子苾
濰縣陳介祺壽卿 同輯

長安丞印 陳臧

長安丞印 陳臧

長安丞印 陳臧

新豐丞印 陳臧

新豐丞印 陳臧

新豐丞印 吳臧

華陰丞印 陳臧

鄭丞之印 陳臧

南陵丞印 陳臧

南陵□□左半二字缺坿　陳臧

霸陵丞印　陳臧

　左馮翊

高陵丞印　陳臧

高陵丞印　陳臧

鄜丞之印　陳臧

頻陽丞印　陳臧

□泉丞印　陳臧

郃陽丞印　陳臧

郃陽丞印 陳臧

右扶風

斄丞之印 陳臧

美陽丞印 陳臧

雝丞之印 吳臧

好畤丞印 陳臧

好畤丞印 陳臧

好畤丞印 陳臧

好畤丞印 吳臧

弘農郡

商丞之印 陳臧

析丞之印 陳臧

河東郡

北屈丞印 陳臧

河南郡

雒陽丞印 陳臧

穀成丞印 陳臧

密丞之印 吳臧

東郡

燕丞之印 陳臧

廩丘丞印 陳臧

陳留郡

載丞之印 陳臧

載丞之印 吳臧

汝南郡

濦强丞印 吳臧

安陽丞印 陳臧

南陽郡

育陽邑丞 陳臧

葉丞之印 陳臧

鄧丞之印 吳臧

胡陽丞印 陳臧

南郡

夷道丞印 陳臧

廬江郡

虖婁丞印 陳臧

九江郡

東成丞印 陳臧

濟陰郡

定陶丞印 陳臧

清河郡

清陽丞印 陳臧

齊郡

臨菑丞印 陳臧

臨菑丞印 陳臧

琅邪郡

贛揄丞印 吳臧

姑幕丞印 陳臧

琅邪縣丞 陳臧

東海郡

東安丞印 陳臧

臨淮郡

開陵丞印 陳臧

堂邑丞印 陳臧

豫章郡

新淦丞印 陳臧

漢中郡

成固丞印 陳臧

廣漢郡

汁邡丞印 陳臧

汁邡丞印 陳臧

雒丞之印 陳臧

雒丞之印 陳臧

緜竹丞印 陳臧

新都丞印 陳臧

蜀郡

成都丞印 陳臧

成都丞印 陳臧

成都丞印 陳臧

嚴道丞印 陳臧

嚴道丞印 吳臧

嚴道橘丞封 陳臧

嚴道橘丞　陳臧

嚴道橘丞　陳臧

嚴道橘丞　陳臧

嚴道橘丞　陳臧

嚴道橘丞　陳臧

嚴道橘丞　陳臧

嚴道橘丞　陳臧

嚴道橘丞　陳臧

嚴道橘丞　陳臧

嚴道橘丞 陳臧

嚴道橘丞 陳臧

嚴道橘丞 吳臧

嚴道橘丞 吳臧

嚴道橘丞 吳臧

嚴道橘丞 吳臧

嚴道橘園 坿 陳臧

嚴道橘園 陳臧

嚴道橘園 陳臧

嚴道橘園 陳臧

嚴道橘園 陳臧

嚴道橘園 陳臧

嚴道橘園 陳臧

嚴道橘園 陳臧

嚴道橘園 陳臧

嚴道橘園 陳臧

嚴道橘園 陳臧

嚴道橘園 陳臧

嚴道橘園 陳藏
嚴道橘園 陳藏
嚴道橘園 陳藏
嚴道橘園 陳藏
嚴道橘園 陳藏
嚴道橘園 陳藏
嚴道橘園 吳藏
嚴道橘園 吳藏
嚴道橘園 吳藏

嚴道橘園 吳臧

犍爲郡

牛鞞丞印 陳臧

越嶲郡

靈關道丞 陳臧

靈關道丞 吳臧

靈關道丞 吳臧

靈關道丞 吳臧

巴郡

閬中丞印 陳臧

閬中丞印 吳臧

上郡

定陽丞印 吳臧

菑川國

東安平丞 陳臧

膠東國

卽墨丞印 陳臧

卽墨丞印 陳臧

即墨□□　坿　陳臧

魯國

騶丞之印　陳臧

騶丞之印　陳臧

廣陵國

廣陵丞印　陳臧

坿無攷丞印封泥

臨□丞印　陳臧

棘滿丞印　陳臧

安臺丞印 陳臧

安臺左塈 坿 陳臧

新□鄉□ 鄉下字似丞。姑附丞後 陳臧

□陽丞印 陳臧

□安□丞 陳臧

□□丞印 陳臧

□□丞印 吳臧

封泥攷略卷六

長安丞封泥

右封泥四字印文曰。長安丞印。桉漢書地理志。長安縣。高帝五年置。屬京兆尹。縣邑道丞。詳前。

長安丞封泥

右封泥四字印文曰。長安丞印。詳前。

長安丞封泥

右封泥四字印文曰。長安丞印。詳前。

長安丞封泥

右封泥四字印文曰。長安丞印。詳前。

長安丞封泥

右封泥四字印文曰。長安丞印。詳前。

長安丞封泥

右封泥四字印文曰。長安丞印。詳前。

新豐丞封泥

右封泥四字印文曰。新豐丞印。桉漢書地理志。新豐。故驪戎國。秦曰驪邑。高祖七年置縣。屬京兆尹。丞。詳前。

新豐丞封泥

右封泥四字印文曰。新豐丞印。詳前。

新豐丞封泥

右封泥四字印文曰。新豐丞印。詳前。

華陰丞封泥

右封泥四字印文曰。華陰丞印。桉漢書地理志。華陰縣故陰晉。秦惠王五年更名秦〔二〕。高帝八年更名華陰。屬京兆尹。丞詳前。

鄭丞封泥

右封泥四字印文曰鄭丞之印桉漢書地理志鄭縣周宣王弟鄭桓公邑屬京兆尹丞詳前

南陵丞封泥

右封泥四字印文曰。南陵丞印。桉漢書地理志。南陵縣文帝七年置。屬京兆尹。漢舊儀。南陵。即薄太后葬之所。史記景帝紀。二年置南陵縣。今本志及百官表。又史記將相表。並作文帝。蓋文帝時置陵。景帝前二年薄太后崩。始置縣也。丞。詳前。

南陵□封泥

右封泥四字印文曰。南陵□□。桉漢書地理志。京兆尹有南陵縣。官名闕。不可定。姑附上縣丞後。

霸陵丞封泥

右封泥四字印文曰。霸陵丞印。桉漢書地理志。霸陵縣。故芷陽。文帝更名。屬京兆尹。後漢馮異傳注。霸陵。文帝陵名。因以爲縣。史記將相名臣年表。孝文九年以芷陽鄉爲霸陵。丞。詳前。

高陵丞封泥

右封泥四字印文曰。高陵丞印。桉漢書地理志。高陵縣。屬左馮翊。丞。詳前。

高陵丞封泥

右封泥四字印文曰。高陵丞印。詳前。

鄜丞封泥

右封泥四字印文曰。鄜丞之印。桉漢書地理志。鄜縣。屬左馮翊。丞。詳前。

頻陽丞封泥

右封泥四字印文曰。頻陽丞印。桉漢書地理志。頻陽。秦厲公置縣。屬左馮翊。丞。詳前。

□泉丞封泥

右封泥四字印文曰。□似重泉丞印。漢縣名有重泉柳泉折泉銜泉淵泉武泉陽泉。泉莽縣名有調泉青泉流泉順泉塞泉。此惟重字爲近似。重泉縣。隸左馮翊。丞。詳前。印有十字闌。文橫讀。似秦制。

郃陽丞封泥

右封泥四字印文曰。郃陽丞印。桉漢書地理志。郃陽縣。屬左馮翊。說文。郃。左馮翊郃陽縣。从邑合聲。詩曰。在郃之陽。丞。詳前。

郃陽丞封泥

右封泥四字印文曰。郃陽丞印。詳前。

犛丞封泥

右封泥四字印文曰。犛丞之印。桉漢書地理志。斄縣。屬右扶

風周禮樂師注旄氂牛之尾釋文氂或作犛或作斄則斄郎犛矣志注周后稷所封詩郎有邰家室左傳魏駘芮岐畢吾西土也杜注駘郎始平武功縣所治斄城史記索隱邰郎斄古今字異耳集韻斄地名通作斄釐路史國名記邰作釐童斄〔三〕庲亦作台駘邰簠齋臧銅古官鉨文曰犛市與此封泥印犛字同丞詳前此犛从乇當是毛誤

美陽丞封泥

右封泥四字印文曰。美陽丞印。梭漢書地理志。美陽縣。屬右扶風。禹貢。岐山在西北。中水鄉。周太王所邑。丞。詳前。

雝丞封泥

右封泥四字印文曰。雝丞之印。桉漢書地理志。雍。秦惠公都之。縣屬右扶風。丞詳前。

好畤丞封泥

右封泥四字印文曰。好畤丞印。案漢書地理志。好畤縣。屬右扶風。丞詳前。

好畤丞封泥

右封泥四字印文曰。好畤丞印。詳前。

好畤丞封泥

右封泥四字印文曰。好畤丞印。詳前。

好畤丞封泥

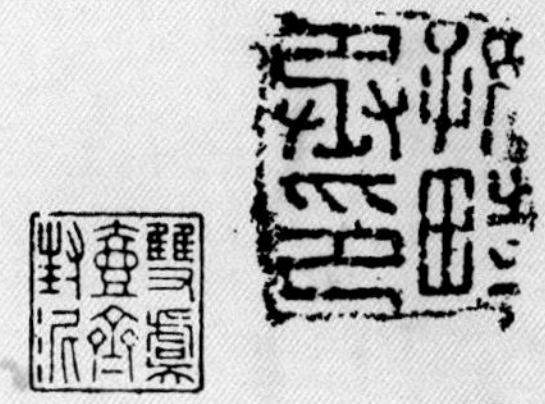

右封泥四字印文曰。好畤丞印。詳前。

商丞封泥

右封泥四字印文曰。商丞之印。桉漢書地理志。商縣。秦相衞鞅邑也。屬弘農郡。丞。詳前。

析丞封泥

右封泥四字印文曰。析丞之印。桉漢書地理志。析縣。屬弘農郡。丞詳前。

北屈丞封泥

右封泥四字印文曰。北屈丞印。案漢書地理志。北屈縣。屬河東郡。丞。詳前。

雒陽丞封泥

右封泥四字印文曰。雒陽丞印。桉漢書地理志。雒陽縣。屬河南郡。丞。詳前。

穀成丞封泥

右封泥四字印文曰。穀成丞印。桉漢書地理志。穀成縣。屬河南郡。丞。詳前。

密丞封泥

右封泥四字印文曰。密丞之印。桉漢書地理志。密。故國。縣屬河南郡。師古曰。此密即春秋僖六年圍新密者也。丞。詳前。

燕丞封泥

右封泥四字印文曰。燕丞之印。桉漢書地理志。燕[三]。縣南燕國。屬東郡。續志無南字。杜預注左傳徐廣注史記水經注及春秋正義引此文。均無之。則南字衍文也。丞。詳前。

廩丘丞封泥

右封泥四字印文曰。廩丘丞印。出臨菑。桉漢書地理志。廩丘縣。屬東郡。楚語。齊烏餘以廩丘奔晉[四]。說苑。景公致廩丘以爲養。孔子辭不受。

載丞封泥

右封泥四字印文曰。載丞之印。桉漢志無載縣。胡氏琨泥封

目錄曰。史記表有戴國。敬侯彭祖所封。索隱曰。戴。地名。音再。應劭曰。在故留縣。說文。𢦔。故國。在陳留。戴。印文作載。戴載古通用。詩緇衣載弁俅俅。爾雅釋言注作戴弁俅俅。禮記郊特牲。載冕璪。釋文。本亦作戴。丞。詳前。

載丞封泥

右封泥四字印文曰。載丞之印。詳前。

濦強丞封泥

右封泥四字印文曰。濦強丞印。桉漢書地理志。濦強縣。屬汝南郡。應劭曰。濦水出潁川陽城。說文同。濦从水㥯。不从隱[五]。自以印爲正。丞。詳前。

安陽丞封泥

右封泥四字印文曰。安陽丞印。桉漢書地理志。安陽縣。屬汝南郡。丞。詳前。

育陽邑丞封泥

右封泥四字印文曰。育陽邑丞。按漢書地理志。育陽縣。屬南陽郡。邑及丞。詳前。

葉丞封泥

右封泥四字印文曰。葉丞之印。桉漢書地理志。葉。楚葉公邑。縣屬南陽郡。丞。詳前。

鄧丞封泥

右封泥四字印文曰。鄧丞之印。桉漢書地理志。鄧。故國。縣屬南陽郡。丞。詳前。

胡陽丞封泥

右封泥四字印文曰。胡陽丞印。桉漢書地理志。胡陽[六]。故廖國也。縣屬南陽郡。湖。此作胡。可正史。丞。詳前。

夷道丞封泥

右封泥四字印文曰。夷道丞印。桉漢書地理志。夷道縣。屬南郡。水經注云。漢武帝伐西南夷。路由此出。故曰夷道。丞。詳前。

虖婁丞封泥

右封泥四字印文曰。虖婁丞印。桉漢書地理志。雩婁縣。屬廬江郡。此作虖。丞。詳前。

東成丞封泥

右封泥四字印文曰。東成丞印。桉漢書地理志。東成縣。屬九江郡。史記表。東城矦劉良。淮南厲王子。淮南王傳作東成。又東越列傳。繇王居股封東成矦。表作居服。此印文作東成。足正惠景間矦者年表與地理志作城之誤。丞詳前。

定陶丞封泥

右封泥四字印文曰。定陶丞印。桉漢書地理志。定陶。故曹國。周武王弟叔振鐸所封。縣屬濟陰郡。丞。詳前。

清陽丞封泥

右封泥四字印文曰。清陽丞印。桉漢書地理志。清陽縣。王都。屬清河郡。史記漢興以來諸侯年表。孝景中二年初置清河。都濟陽。濟陽當作清陽。注云王都是其證也。丞。詳前。

臨菑丞封泥

右封泥四字印文曰。臨菑丞印。案漢書地理志。臨淄。師尚父所封。縣屬齊郡。今傳世漢器及印。臨淄淄川皆作菑。丞。詳前。

臨菑丞封泥

右封泥四字印文錯綜讀爲臨菑丞印印字爫作爫印范正書之誤也餘詳前出臨菑此種秦印多有之

贛揄丞封泥

右封泥四字印文曰。贛揄丞印。桉漢書地理志。贛榆縣屬琅邪郡。此从手。與簠齋所得贛揄馬丞印文同。可正史。丞詳前

姑幕丞封泥

右封泥四字印文曰。姑幕丞印。桉漢書地理志。姑幕縣都尉治。或曰薄姑。屬琅邪郡。都尉。琅邪都尉也。丞。詳前。

琅邪縣丞封泥

右封泥四字印文曰。琅邪縣丞。桉漢書地理志。琅邪縣。越王句踐嘗治此。起館臺。師古曰。山海經云。琅邪臺在琅邪之東。丞。詳前。封泥印有縣字者惟此。

東安丞封泥

右封泥四字印文曰東安丞印桉漢書地理志東安矦國縣屬東海郡丞詳前

開陵丞封泥

右封泥四字印文曰。開陵丞印。桉漢書地理志。開陵縣。侯國。屬臨淮郡。丞詳前。

堂邑丞封泥

右封泥四字印文曰。堂邑丞印。桉漢書地理志。堂邑縣。屬臨淮郡。丞。詳前。

新淦丞封泥

右封泥四字印文曰。新淦丞印。桉漢書地理志。新淦縣。都尉治。屬豫章郡。都尉。豫章都尉也。丞。詳前。

成固丞封泥

右封泥四字印文曰。成固丞印。桉漢書地理志。成固縣。屬漢中郡。丞。詳前。

汁邡丞封泥

右封泥四字印文曰。汁邡丞印。汁邡及丞詳前。

汁邡丞封泥

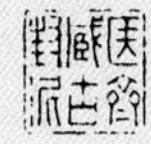

右封泥四字印文曰。汁邡丞印。詳前。

雒丞封泥

右封泥四字印文曰。雒丞之印。雒及丞詳前。

雒丞封泥

右封泥四字印文曰。雒丞之印。詳前。

縣竹丞封泥

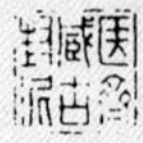

右封泥四字印文曰。縣竹丞印。縣竹及丞詳前。

新都丞封泥

右封泥四字印文曰。新都丞印。新都及丞詳前。

成都丞封泥

右封泥四字印文曰。成都丞印。桉漢書地理志。成都縣。屬蜀郡。郡丞詳前。

成都丞封泥

右封泥四字印文曰。成都丞印。詳前。

成都丞封泥

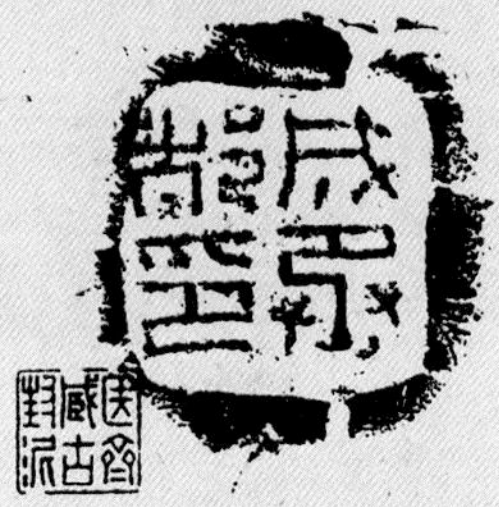

右封泥四字印文曰。成都丞印。詳前。

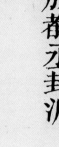

嚴道丞封泥

右封泥四字印文曰。嚴道丞印。嚴道及丞詳前。

嚴道丞封泥

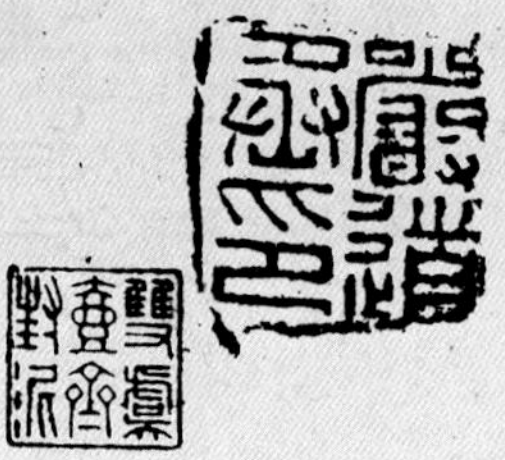

右封泥四字印文曰。嚴道丞印。詳前。

嚴道橘丞封泥

右封泥四字印文曰。嚴道橘丞。又一曰嚴道橘園。椄漢書地

理志蜀郡嚴道注。有木官。又攷文選左太沖蜀都賦。戶有橘柚之園。劉淵林注引漢書地理志。蜀郡[七]嚴道出橘。有橘官。知班史本注橘官。後乃誤爲木官耳。橘丞即橘官。其止曰橘園而無官號。疑守園掾吏之印。莊子嘗爲蒙漆園吏。漆園有吏。橘園亦當有吏矣。印譜有廷掾及易陽廷掾印。兩漢金石記有史印。廷掾及史皆有印。園吏未必無印。又據賦云。戶有橘柚之園。當時所置園吏必不少。貢又勤。故所傳泥封亦橘園爲獨多。又巴郡朐忍縣注。南有橘官[八]。亦一證也。坿嚴道丞後。

嚴道橘丞封泥

右封泥四字印文曰。嚴道橘丞。詳前。

嚴道橘丞封泥

右封泥四字印文曰。嚴道橘丞。詳前。

嚴道橘丞封泥

右封泥四字印文曰。嚴道橘丞。詳前。

嚴道橘丞封泥

右封泥四字印文曰。嚴道橘丞。詳前。

嚴道橘丞封泥

右封泥四字印文曰。嚴道橘丞。詳前。

嚴道橘丞封泥

右封泥四字印文曰。嚴道橘丞。詳前。

嚴道橘丞封泥

右封泥四字印文曰。嚴道橘丞。詳前。

嚴道橘丞封泥

右封泥四字印文曰。嚴道橘丞。詳前。

嚴道橘丞封泥

右封泥四字印文曰。嚴道橘丞。詳前。

嚴道橘丞封泥

右封泥四字印文曰。嚴道橘丞。詳前。

嚴道橘丞封泥

右封泥四字印文曰。嚴道橘。丞詳前。

嚴道橘丞封泥

右封泥四字印文曰。嚴道橘丞。詳前。

嚴道橘丞封泥

右封泥四字印文曰嚴道橘丞詳前

嚴道橘丞封泥

右封泥四字印文曰。嚴道橘丞。詳前。

嚴道橘丞封泥

右封泥四字印文曰。嚴道橘丞。詳前。

嚴道橘園封泥

右封泥四字印文曰。嚴道橘園。詳前。

嚴道橘園封泥

右封泥四字印文曰。嚴道橘園。詳前。

嚴道橘園封泥

右封泥四字印文曰。嚴道橘園。詳前。

嚴道橘園封泥

右封泥四字印文曰。嚴道橘園。詳前。

嚴道橘圜封泥

右封泥四字印文曰。嚴道橘圜。詳前。

嚴道橘園封泥

右封泥四字印文曰。嚴道橘園。詳前。

嚴道橘園封泥

右封泥四字印文曰。嚴道橘園。詳前。

嚴道橘園封泥

右封泥四字印文曰。嚴道橘園。詳前。

嚴道橘園封泥

右封泥四字印文曰。嚴道橘園。詳前。

嚴道橘園封泥

右封泥四字印文曰。嚴道橘園。詳前。

嚴道橘園封泥

右封泥四字印文曰。嚴道橘園。詳前。

嚴道橘圜封泥

右封泥四字印文曰。嚴道橘園。詳前。

嚴道橘園封泥

右封泥四字印文曰。嚴道橘園。詳前。

嚴道橘園封泥

右封泥四字印文曰。嚴道橘園。詳前。

嚴道橘圜封泥

右封泥四字印文曰。嚴道橘圜。詳前。

嚴道橘園封泥

右封泥四字印文曰。嚴道橘園。詳前。

嚴道橘園封泥

右封泥四字印文曰。嚴道橘園。詳前。

嚴道橘園封泥

右封泥四字印文曰。嚴道橘園。詳前。

嚴道橘園封泥

右封泥四字印文曰。嚴道橘園。詳前。

嚴道橘園封泥

右封泥四字印文曰。嚴道橘園。詳前。

嚴道橘園封泥

右封泥四字印文曰。嚴道橘園。詳前。

嚴道橘園封泥

右封泥四字印文曰。嚴道橘園。詳前。

牛鞞丞封泥

右封泥四字印文曰。牛鞞丞印。牛鞞及丞詳前。

靈闗道丞封泥

右封泥四字印文曰。靈闗道丞。靈闗道及丞詳前。

霝關道丞封泥

右封泥四字印文曰。霝關道丞。詳前。

靈關道丞封泥

右封泥四字印文曰。靈關道丞。詳前。

靈關道丞封泥

右封泥四字印文曰。靈關道丞詳前。

閬中丞封泥

右封泥四字印文曰。閬中丞印。桉漢書地理志。閬中縣。屬巴郡。水經注。劉璋之分三巴。此其一焉。丞詳前。

閬中丞封泥

右封泥四字印文曰。閬中丞印。詳前。

定陽丞封泥

右封泥四字印文曰。定陽丞印。桉漢書地理志。定陽縣。屬上郡。丞。詳前。

東安平丞封泥

右封泥四字印文曰○東安平丞○桉史記田單列傳田單走安

平。注徐廣曰。今之東安平也。在青州臨淄縣東十九里。古紀之鄣邑。齊改爲安平。秦滅齊。改爲東安平。屬齊郡。以定州有安平。故加東字。傳又曰。襄王封田單。號曰安平君。漢書地理志。甾川國有東安平縣。郡國志。北海國東安平。故屬甾川。六國時曰安平。今此印大於漢官印。與秦官印大。私印極小之論合。是秦印也。出臨菑。

卽墨丞封泥

右封泥四字印文曰。卽墨丞印。桉漢書地理志。卽墨縣。屬膠東國。丞。詳前。

即墨丞封泥

右封泥四字印文曰。即墨丞印。詳前。

即墨□封泥

右封泥四字印文曰。即墨□□。姑坿丞後。

騶丞封泥

右封泥四字印文曰。騶丞之印。桉漢書地理志。騶縣。屬魯國。

丞。詳前。

騶丞封泥

右封泥四字印文曰。騶丞之印。詳前。

廣陵丞封泥

右封泥四字印文曰。廣陵丞印。桉漢書地理志。廣陵縣。屬廣陵國。丞。詳前。

臨汩丞封泥

右封泥四字印文曰。臨汩丞印。汩字右半缺。桉漢書地理志。有臨汾臨沮臨湖臨淄臨沂臨洮臨涇臨沃臨渝臨湘。惟淄涇爲近。以爲郡丞。則臨淮有郡無縣。姑附縣後。

棘滿丞封泥

右封泥四字印文曰。棘滿丞印。漢志無棘滿。有平棘。名勝志曰。山頂平而生棘。故名。一統志曰。山頂平而多棘。應劭以平棘爲棘蒲。表棘蒲侯陳武平棘侯林摯則非一矣。

安臺丞封泥

右封泥四字印文曰。安臺丞印。漢志無安臺縣。封泥文又有安臺左墍。當是同地。史記封禪書。乃令越巫立越祝祠。安臺無壇。亦祠天神上帝百鬼。而以雞卜。上信之。越祠雞卜始用。此未必即是掌越祠之官。然亦安臺字之一證也。

安臺左壄封泥

右封泥四字印文曰。安臺左壄。說文。墍。仰塗也。書梓材。惟其

塗墍茨。揚雄傳。獿人亾。則匠石輟斤而不敢妄斵。服虔曰。獿。古之善塗墍者也。顏注。獿。抆拭也。故謂塗者爲獿人。此云左墍。獿人之職也。封泥有安臺丞。漢志無其縣。姑附安臺丞後。或曰宫室之治。將作大匠之所屬也。亦通。安臺詳前附安臺丞印後。

新□鄉□封泥

右封泥四字印文曰。新□鄉□。下二字缺。或曰。似新鄉邑丞。姑附丞後。

□陽丞封泥

右封泥四字印文曰。□陽丞印。漢縣名陽者。上一字無左下从日者。姑附丞後。

□安□丞封泥

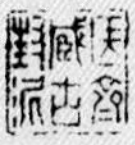

右封泥四字印文曰。□安□丞。上半殘。附丞後。

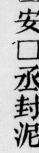

□□丞封泥

右封泥四字印文僅存丞印二字。附丞後。

□□丞封泥

右封泥印文僅存丞印二字。同上。

卷六校記

［一］『秦』，按《漢書・地理志》，上脱『寧』字。稿本作『甯秦』。

［二］『路史國名記郘作鼇童黎厤』，按日本早稻田大學圖書館所藏摹宋本、國家圖書館藏嘉靖洪楩刻本、萬曆三十九年喬可傳刻本《路史》，『郘』作『黎』，『童』作『蚕』。

［三］『燕縣』，按《漢書・地理志》作『南燕縣』。下文『續《志》無南字。杜預注《左傳》、徐廣注《史記》、《水經注》及《春秋正義》引此文，均無之，則「南」字衍文也』，此『南』字當指南燕縣之『南』，而非南燕國之『南』。

［四］『楚語齊烏餘以廩邱奔晉』，按今通行本《國語・楚語》中未見『齊烏餘以廩邱奔晉』之事，此事載于《左傳・襄公二十六年》。

［五］『説文同㶏从水㥯不从隱』，按《説文》有『濦』字，无『㶏』字。稿本原作：『攷《説文》：㶏水出潁川陽城。从水㥯，不从隱。』按文意，或改爲『《説文》作濦，从水㥯，不从隱』較妥。

［六］『胡陽』，按《漢書・地理志》作『湖陽』。稿本作『湖陽』。

〔七〕『蜀郡』，宋淳熙八年池陽郡齋刻本、國家圖書館藏宋刻本、上海古籍出版社一九八六年版『中國古典文學叢書』本《文選》均作『蜀都』。

〔八〕『南有橘官』，王先謙《漢書補注》云『南』下脱『入江』二字。

封泥攷略卷七目

海豐吳式芬子苾
濰縣陳介祺壽卿 同輯

新安左尉 陳臧

南郡

江陵右尉 吳臧

會稽郡

吳左尉印 陳臧

廣漢郡

汁邡右尉 陳臧

汁邡右尉 陳臧

□邡□尉 上半缺 陳臧

涪右尉印　陳臧

涪右尉印　陳臧

雒左尉印　陳臧

雒左尉印　吳臧

雒右尉印　陳臧

雒右尉印　陳臧

雒右尉印　陳臧

雒右尉印　陳臧

雒右尉印　陳臧

雒右尉印 陳臧
雒右尉印 陳臧
雒右尉印 陳臧
雒右尉印 陳臧
雒右尉印 吳臧
雒右尉印 吳臧
廣漢左尉 陳臧
廣漢左尉 陳臧
廣漢左尉 吳臧

鄒左尉印　陳臧
新都左尉　吳臧
白水尉印　吳臧
白水左尉　陳臧
白水左尉　吳臧
白水左尉　吳臧
白水右尉　陳臧
□水右尉白字泐　陳臧
剛羝右尉　陳臧

剛羝右尉 吳臧

蜀郡

臨邛尉印 吳臧
江原右尉 陳臧
江原右尉 陳臧
江原右尉 吳臧
嚴道左尉 陳臧
嚴道左尉 吳臧
徙尉之印 陳臧

徙尉之印 吳臧

徙右尉印 陳臧

犍爲郡

武陽右尉 陳臧

牛鞞左尉 陳臧

存鄢左尉 陳臧

存鄢左尉 陳臧

存鄢左尉 吳臧

越巂郡

三絳尉印　陳臧

　牂柯郡

同竝尉印　陳臧

　巴郡

枳左尉印　陳臧

閬中右尉　吳臧

　天水郡

蘭干右尉　陳臧

□□尉印　坿　陳臧

□□□尉 殘存一字坿 陳臧

漢縣邑道無官名印封泥

京兆尹

新豐之印 陳臧

藍田之印 陳臧

藍田之印 陳臧

下邽之印 陳臧

左馮翊

武城之印 陳臧

南陽郡

舞陰之印陳臧

東郡

東阿之印陳臧

豫章郡

虖都之印吳臧

南郡

夷道之印陳臧

廣漢郡

陰平道印 陳臧
左鄉之印 埘 陳臧
左鄉之印 吳臧
漢縣邑道掾史印封泥
獄司空
司空 半通印 陳臧
埘地名印封泥
上黨郡
屯留 半通印 陳臧

清河郡

東陽半通印　陳臧

齊郡

臨菑半通印　陳臧

博城半通印　陳臧

下東半通印　陳臧

漢縣邑道鄉官印封泥

鄉

魯共鄉半通印　陳臧

渭陽鄉半通印　吳臧
阜鄉半通印　陳臧
壁鄉半通印　陳臧
鄭鄉注半通印　吳臧
　尌長老印封泥
公印半通印　陳臧
漢方士印封泥
天帝之印陳臧
天閶四通陳臧

黄神越章陳臧
漢方士泥印
黄神羊鈕 陳臧
□黄□陳臧
天帝殺鬼陳臧

封泥攷略卷七

長安廣尉封泥

右封泥四字印文曰。長安廣尉。長安縣及尉。詳前。廣攷見廣

左都尉。

新豐尉封泥

右封泥四字印文曰。新豐尉印。新豐及尉詳前。

新安左尉封泥

右封泥四字印文曰。新安左尉。桉漢書地理志。新安縣。屬宏農郡。左尉。詳前。

江陵右尉封泥

右封泥四字印文曰。江陵右尉。桉漢書地理志。江陵縣。故楚郢都。縣屬南郡。右尉。詳前。

吳左尉封泥

右封泥四字印文曰。吳左尉印。桉漢書地理志。吳縣。吳故國。周太伯所邑。屬會稽郡。左尉。詳前。

汁邡右尉封泥

右封泥四字印文曰。汁邡右尉。汁邡及右尉。詳前。

汁邡右尉封泥

右封泥四字印文曰。汁邡右尉。詳前。

汁邡右尉封泥

右封泥四字印文曰。汁邡右尉。詳前。

涪右尉封泥

右封泥四字印文曰。涪右尉印。涪及右尉詳前。

涪右尉封泥

右封泥四字印文曰。涪右尉印。詳前。

雒左尉封泥

右封泥四字印文曰。雒左尉印。雒及左尉。詳前。

雒左尉封泥

右封泥四字印文曰。雒左尉印。詳前。

雒右尉封泥

右封泥四字印文曰。雒右尉印。雒及右尉。詳前。

雒右尉封泥

右封泥四字印文曰。雒右尉印。詳前。

雒右尉封泥

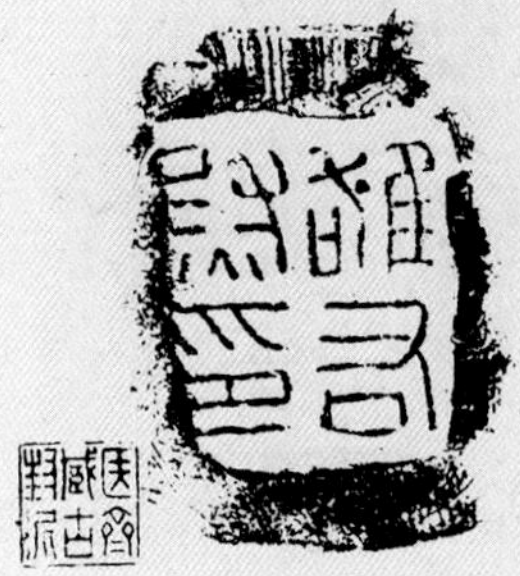

右封泥四字印文曰。雒右尉印。詳前。

雒右尉封泥

右封泥四字印文曰。雒右尉印。詳前。

雒右尉封泥

右封泥四字印文曰。雒右尉印。詳前。

雒右尉封泥

右封泥四字印文曰。雒右尉印。詳前。

雒右尉封泥

右封泥四字印文曰。雒右尉印。詳前。

雒右尉封泥

右封泥四字印文曰。雒右尉印。詳前。

雒右尉封泥

右封泥四字印文曰。雒右尉印。詳前。

雒右尉封泥

右封泥四字印文曰。雒右尉印。詳前。

雒右尉封泥

右封泥四字印文曰。雒右尉印。詳前。

廣漢左尉封泥

右封泥四字印文曰。廣漢左尉。廣漢及左尉詳前。

廣漢左尉封泥

右封泥四字印文曰。廣漢左尉。詳前。

廣漢左尉封泥

右封泥四字印文曰。廣漢左尉。詳前。

郪左尉封泥

右封泥四字印文曰。郪左尉印。桉漢書地理志。郪縣。屬廣漢郡。左尉。詳前。

新都左尉封泥

右封泥四字印文曰。新都左尉。新都及左尉詳前。

白水尉封泥

右封泥四字印文曰。白水尉印。又一曰白水左尉。一曰白水右尉。桉漢書地理志。白水。屬廣漢郡。漢制。毎縣尉。大縣二人。小縣一人。據此三印。知白水於漢爲大縣。又爲小縣。

白水左尉封泥

右封泥四字印文曰。白水左尉。詳前。

白水左尉封泥

右封泥四字印文曰。白水左尉。詳前。

白水左尉封泥

右封泥四字印文曰。白水右尉三。詳前。

白水右尉封泥

右封泥四字印文曰。白水右尉。詳前。

□水右尉封泥

右封泥印文曰。□水右尉。上一字是白。尚可見。附後。

剛羝右尉封泥

右封泥四字印文曰。剛羝右尉。剛羝及右尉詳前。

剛羝右尉封泥

右封泥四字印文曰○剛羝右尉○詳前○

臨邛尉封泥

右封泥四字印文曰。臨邛尉印。桉漢書地理志。臨邛縣。屬蜀郡。尉。詳前。

江原右尉封泥

右封泥四字印文曰。江原右尉。桉漢書地理志。江原縣。屬蜀郡。右尉。詳前。

江原右尉封泥

右封泥四字印文曰。江原右尉。詳前。

江原右尉封泥

右封泥四字印文曰。江原右尉。詳前。

嚴道左尉封泥

右封泥四字印文曰。嚴道左尉。嚴道及左尉。詳前。

嚴道左尉封泥

右封泥四字印文曰。嚴道左尉。詳前。

徙尉封泥

右封泥四字印文曰。徙尉之印。桉漢書地理志。徙縣。屬蜀郡。尉。詳前。

徙尉封泥

右封泥四字印文曰。徙尉之印。詳前。

徙右尉封泥

右封泥四字印文曰。徙右尉印。徙爲大縣。又爲小縣。同前白水。此印文作徙甚明。似非徙。疑今本作徙有誤。

武陽右尉封泥

右封泥四字印文曰。武陽右尉。桉漢書地理志。武陽縣。屬犍爲郡。右尉。詳前。

牛鞞左尉封泥

右封泥四字印文曰。牛鞞左尉。牛鞞及左尉詳前。

存䣕左尉封泥

右封泥四字印文曰。存䣕左尉。按漢書地理志。郁䣕縣。屬犍爲郡。師古曰。䣕音莫亞反。存字加阝。攷說文邑部但有䣕字解。存䣕。犍爲縣。與印同。則今本漢志郁字阝旁爲後人所加。左尉。詳前。玉篇廣韻譌作鄢。

存鄠左尉封泥

右封泥四字印文曰。存鄠左尉。詳前。

存鄦左尉封泥

右封泥四字印文曰。存鄦左尉。詳前。

三絳尉封泥

右封泥四字印文曰。三絳尉印。桉漢書地理志。三絳縣。屬越嶲郡。郡尉詳前。

同竝尉封泥

右封泥四字印文曰同竝尉印桉漢書地理志同竝縣屬牂柯郡注應劭曰故同竝侯邑竝音伴尉詳前

枳左尉封泥

右封泥四字印文曰。枳左尉印。桉漢書地理志。枳縣。屬巴郡。

左尉。詳前。

閬中右尉封泥

右封泥四字印文曰。閬中右尉。閬中及右尉。詳前。

蘭干右尉封泥

右封泥四字印文曰。蘭干右尉。桉漢書地理志。蘭干縣。屬天水郡。右尉。詳前。

□□尉封泥

右封泥四字印文曰。□□尉印。地名不可辨。附尉後。

□□□尉封泥

右封泥印文止存一字。曰。尉。闕字三。其弟一二字似木旁。無可攷。或曰。尉字似國尉印式。

新豐封泥

右封泥四字印文曰。新豐之印。桉漢書地理志。新豐。故驪戎

國秦曰驪邑高帝七年置縣屬京兆尹此印與下七印皆但有縣邑曰之印而不箸官號姑編列於縣邑令長丞尉之後焉桉漢書百官公卿表縣令長皆有丞尉是爲長吏百石以下有斗食佐史之秩是爲少吏又云吏員自佐史此與下陰平道印及嚴道橘園印當即佐史印也

藍田封泥

右封泥四字印文曰。藍田之印。桉漢書地理志。藍田。山出美玉。有虎矦山祠[三]。秦孝公置也。縣屬京兆尹。

藍田封泥

右封泥四字印文曰。藍田之印。詳前。

下邽封泥

右封泥四字印文曰。下邽之印。案漢書地理志。下邽縣。屬京兆尹。應劭曰。秦武公伐邽戎。置以隴西有上邽。故加下。

武城封泥

右封泥四字印文曰。武城之印。桉漢書地理志有二武城縣。一屬左馮翊。一屬定襄郡。

舞陰封泥

右封泥四字印文曰。舞陰之印。桉漢書地理志。舞陰縣。屬南陽郡。說文。潕水出南陽舞陰。東入潁。从水無聲。

東阿封泥

右封泥四字印文曰東阿之印桉漢書地理志東阿縣都尉治屬東郡都尉東郡都尉也

虖都封泥

右封泥四字印文曰。虖都之印。桉虖通雩。史記秦紀樗里疾。樗字从虖。列傳从雩。匈奴傳係雩淺。漢書作係虖淺。雩都縣屬豫章郡。

夷道封泥

右封泥四字印文曰。夷道之印。桉漢書地理志。夷道。屬南郡。

陰平道封泥

右封泥四字印文曰。陰平道印。桉漢書地理志。陰平道。屬廣漢郡。不箸官號。與新豐之印諸印同。

左鄉封泥

右封泥四字印文曰。左鄉之印。某地加之印以成四字。見前。攷魏志劉放傳。初封樂陽亭矦。進封左鄉矦[四]。疑此即其所封之縣令長之印。縣名雖未見漢志。或在魏以前也[五]。

左鄉封泥

右封泥四字印文曰。左鄉之印。詳前。

司空封泥

右封泥二字半通印文曰司空與明范氏集古印譜一印同

制。特篆文小異耳。攷百官公卿表。御史大夫。嘗更名大司空。
又少府。屬官有左右司空。又杜延年傳。有軍司空。而無止偁
司空者。唯據應劭漢官言儀〔六〕。綏和元年罷御史大夫官。法周
制。初置司空。議者又以縣道官獄司空。故覆加大。爲大司空。
然則止偁司空者。縣獄司空也。獄司空乃掾吏。薛宣傳。池陽
令舉廉吏獄掾。又據明王氏集古印譜。有廷掾半印。此司空
亦半印。其爲縣道獄掾不疑。

屯留封泥

右封泥二字半通官印文曰屯留。桉漢書地理志屯留縣屬上黨郡。左傳襄十八年作純留。竹書紀年惠成王元年〔七〕韓共侯趙成侯遷晉桓公於屯留。十二年鄭取屯留。屯郎古純字。似秦印。

東陽封泥

右封泥二字半通印文曰。東陽。桉漢書地理志。東陽縣。侯國。屬清河郡。臨淮亦有東陽。此縣掾史印文也。

臨菑封泥

右封泥二字半通印文曰。臨菑。桉漢書地理志。臨菑縣。屬齊郡。

博城封泥

右封泥二字半通印文曰。博城。桉史記表。馮無擇封博城[八]侯。

吕后紀作博城。漢書表。博成矦張章。新舊唐書韋儼封博城[九]公。尚作城。此半通印文作城。與紀合。足正表字傳寫之誤。既有矦國。自是有縣。博城博成均不見漢志。史有闕文爾。似秦印。

下東封泥

右封泥二字半通印文曰。下東。下東不見漢志。當是鄉名。分上東下東。或如詩言小東大東。又如高密分上下。古戈有上高密文。漢縣有高密下密也。出今昌邑縣。

魯共鄉封泥

右封泥三字長印文曰。魯共鄉。校半通爲大。漢志魯國縣皆無共鄉。可補史闕。

渭陽鄉封泥

右封泥三字長印文曰。渭陽鄉。桉漢書百官公卿表曰。大宰

十里一亭。十亭一鄉。鄉有三老有秩嗇夫游徼。又曰。大率縣方百里。其民稠則減。稀則曠。鄉亭亦如之。凡縣[十]六千六百二十二。印制。鄉有秩嗇夫用半章印。詳前。此渭陽鄉印正作半章。豈即有秩嗇夫之印乎。

皁鄉封泥

右封泥二字半通印文曰。皁鄉。漢志無皁鄉。列仙傳。安期先生。琅邪皁鄉人。出齊地。

壁鄉封泥

右封泥二字半通印文曰。壁鄉。出齊地。

鄭鄉注封泥

右封泥三字長印文曰。鄭鄉注。制與前渭陽鄉略同。疑亦鄉官有秩嗇夫等之印。攷漢書溝洫志集注。注。引也。或鄭鄉嗇夫掌溝洫者與。國策秦策一舉衆而注地於楚。注。注。屬也。或附屬之義與。

公印封泥

右封泥二字半通印文曰。公印。公似近封爵之稱。而作半通

印文似秦。桉公羊傳不以私邑累公邑也。注公邑君邑也。則此或公邑之印。與儀禮特牲饋食禮記若有公有司私臣皆殽脀。注公有司亦士之屬命於君者。漢書睦閎傳[十二]集注。公長老之號。田叔傳。公者長老之稱。或又同於三老之有印[十三]。與姑列半通縣名後。

天帝封泥

右封泥四字印文曰。天帝之印。卽黃神越章天地神之印之省文。方士所佩之印也。

天閭四通封泥

右封泥四字小長方印文曰。天閭四通。當亦黃神越章天帝

神之印之類。方士所佩之印。攷史記孝武本紀。夏。遂還泰山。修五年之禮如前。而加禪祠石閭。石閭者。在泰山下阯南方。方士多言此仙人之閭也。故上親禪焉。此天閭。或卽指石閭與。又曰。爲壇開八通之鬼道。封禪書曰。黃帝西南除八通鬼道。此曰四通。或卽八通之義與。

黃神越章封泥

右封泥四字印文曰。黃神越章。見漢銅印及下黃神泥印攷。

黃神泥印

右二字半通泥印。鈕作羊形。文曰黃神。燕庭劉氏長安獲古物。今歸簠齋陳氏。陳氏臧漢銅印。有曰黃神越章者。有曰黃神越章天帝神之印者。有曰天帝使者者。抱朴子說見前。越作白異於印當是傳寫之誤曰印以封泥則祇有方士封泥印一種此竟作泥封則非封泥而與入山佩印文同仍爲方士之印桉史記秦始皇本紀遣方士徐士入海求仙人盧生求羨門韓終侯公求仙人不死之藥方士求仙始於此其後漢武帝繼之孝武本紀遣方士入海求蓬萊安期生之屬亳人薄誘忌奏祠泰一方曰天神貴者泰一泰一佐曰五帝又拜少翁爲文成將軍方士自此有官名又作甘泉宮中爲臺室畫天地泰一諸神而置祭具以致天神此當是天帝神之所由名又欒大言陛下必欲致之則貴其使者使各佩其信

印。乃可使通言於神人。此當是方士佩印之所由起。又拜大爲五利將軍。居月餘。得四金印。佩天士將軍地士將軍大通將軍天道將軍印。又刻玉印曰天道將軍。使使衣羽衣。夜立白茅上。五利將軍亦衣羽衣。立白茅上受印。而佩天道者。且爲天子道天神也。又五帝各如其色。又乃令越巫立越祝祠。安臺無壇。亦祠天神上帝百鬼。而以雞卜。越章之越。或越祝之越。與。又泰山下祠五帝。各如其方。黄帝並赤帝。而有司侍祠焉。黄神二字。雖無確徵。推此亦可見矣。渠邱又出梧城右尉泥印一。均未詳其爲印爲笵之用。坿漢官印封泥後。

□黃□泥印

右三字半通羊鈕泥印文曰。□黃□。黃上之字。似中而不完。

下一字。漢印篆土旁有如此者。其爲黃土二字無疑。文義雖不可詳。自是方士印。或曰。黃土。與天士地士文同。又曰中黃門宦者。如大長秋。或用中人。或用士人也。然究非士字。存備一說可也。泥印見前。

天帝斂鬼泥印

右四字蛙鈕泥印文曰。天帝斂鬼。天帝。見前。斂鬼。見簠齋陳氏臧銅印文中。亦方士印也。泥印見前。印出今壽光縣紀臺土中。蛙兩目大睛。大口。見後兩足。中有穿孔。秦皇漢武時方士多齊人。故遺文齊地爲多也。

卷七校記

〔一〕『五』，應爲『四』，以下目録頁碼皆誤。

〔二〕『白水右尉』，按封泥印面文字爲『白水左尉』。

〔三〕『虎候山祠』，按《漢書·地理志》作『虎候山祠』。又《後漢書·地理志》『京兆尹』下『藍田』注云：『《地道記》有虎候山。』明成化四年合阳书堂刻本《長安志》卷十六『藍田』下云：『虎候山，在縣境（原注：出《地道記》。）』，『虎候山祠，《漢書》曰秦孝公置』。

〔四〕『魏志劉放傳初封樂陽亭侯進封左鄉侯』，按《三國志·魏書》，『封樂陽亭侯』『進封左鄉侯』爲孫資之事，見《劉放、孫資傳》。

〔五〕『縣名雖未見漢志，或在魏以前也』。『左鄉』或爲鄉名。兩漢時，縣以下，鄉、亭、里皆有官印。漢印中有『鄉印』『左鄉』『右鄉』『脩故亭印』『召亭之印』『南池里印』『大昌里印』『始樂安民三老』等印。

〔六〕『應劭漢官言儀』，稿本作『應劭漢官儀言』。

〔七〕『惠成王元年』，按『四部叢刊初編』影印明天一閣刊本、清嘉慶十一年平津館刻本《竹書紀年》皆作「梁惠成王元年」。

〔八〕「博城」，按《史记·惠景間侯者年表》作「博成」。稿本作「博成」。

〔九〕「新舊唐書韋儼封博城公」，按《新唐書·宰相世系表》，「韋儼」作「韋玄儼」，「博城公」作「博城縣公」。《舊唐書》未見載。稿本作「新舊《唐書》韋元儼封博城公」。

〔十〕「縣」，按《漢書·百官公卿表》，應爲「鄉」。

〔十一〕「睦閎」，按《漢書》作「睦弘」，避清高宗弘曆諱。

〔十二〕「公者長老之稱」，按《漢書·田叔傳》作「公者，老人之稱」。

〔十三〕「士」，按《史記·秦始皇本紀》作「市」（音福）。

封泥攷略卷八目

海豐吳式芬子苾
濰縣陳介祺壽卿　同輯

掌貨中元士 陳藏

校尉

校尉之印章 陳藏

城門校尉

建子城門校尉 陳藏

司馬右前士 坿 陳藏

新莽郡國僞官印封泥

郡大夫 坿丞

師尉大夫章 陳藏

師尉大夫丞 陳臧

郡連率

豫章南昌連率 吳臧

郡大尹

河南大尹章 陳臧 河字泐

吾符大尹章 陳臧

鉅鹿大尹章 陳臧

泰山大尹章 陳臧

文陽大尹章 陳臧

郡大尉

鴈郡大尉章 陳臧

新莽縣邑道僞官印封泥

宰

富成宰之印 上半殘 吳臧

新莽僞封矦子男印封泥

矦

□□矦印章 右半缺 吳臧

子

通睦子印章 吳藏

愿睦子印章 吳藏

豐睦子印章 吳藏

盈睦子印章 陳藏

秩睦子印章 陳藏

進睦子印章 陳藏

相安子印章 陳藏

傳符子印章 陳藏

□□子印章 右半缺 吳藏

男

操武男印章 陳臧

趨武男印章 吳臧

弟武男印□ 左半缺 吳臧

當武男印章 吳臧

信武男印□ 左半缺 陳臧

恢□男印章 吳臧

□□男印章 封號二字泐。似盧虜 陳臧

□□男印章 封號二字不可審釋 陳臧

□□男印章　右半缺　陳臧

□□男印章　右半缺　吳臧

昌武□印章　武下一字不可審釋。姑坿此　陳臧

新莽族女僞封號印封泥

任

厚陸任之印　吳臧

樂陸任之印　吳臧

永陸任之印　吳臧

安□任□□　左半下半均缺　陳臧

□□任之印 右半缺 陳藏

新莽諸矦以下母妻僞封號印封泥

子夫人

渥符子夫人 吳藏

新莽僞封國丞印封泥

矦國丞

同心國丞 陳藏

昌□國□ 下半缺。未必是莽時國丞。姑坿此 陳藏

新莽僞封家丞印封泥

公家丞

奉新公家□ 左半缺 吳臧

男家丞

州武男家丞 吳臧

守節男家丞 吳臧

鄉□德□家□ 下半缺 吳臧

封泥攷略卷八

國師封泥

右封泥五字印文曰。國師之印章。桉漢書王莽傳。少阿羲和京兆尹紅休侯劉歆爲國師。嘉新公。又策羣司曰。赤煒頌平。考聲以律。太白司艾。西嶽國師。典致時陽。此其歆之印與。

定胡都尉封泥

右封泥五字印文曰。定胡都尉章。桉漢書王莽傳。定胡將軍王晏出張掖。此定胡都尉當亦是莽官之印也。

掌貨中元士封泥

右封泥五字印文曰。掌貨中元士。桉漢書王莽傳。一大夫置

元士三人。又曰秩百石曰庶士。三百石曰下士。四百石曰中士。五百石曰命士。六百石曰元士。又曰公卿大夫元士食其采。又曰。納言掌貨大夫且調都内錢予其祿。漢書百官公卿表。治粟内史。秦官。掌穀貨。景帝後元年更名大農。太初元年更名大司農。王莽改大司農曰羲和。後更名納言。此是莽納言掌貨大夫中士中之元士之印也。

校尉封泥

右封泥五字印文曰○校尉之印章○桉漢書百官公卿表○城門

校尉。掌京師城門屯兵。校尉上皆有門名及所掌事二字。無專言校尉二字者。簠齋陳氏臧漢銅印有校尉之印校尉之印章者。封泥有建子城門校尉者。王莽傳。校尉萬二千五百人。又賜諸州牧號爲大將軍。郡卒正連帥大尹爲偏將軍。屬令長裨將軍。縣宰爲校尉。此當是莽官之印也。

建子城門校尉封泥

右封泥六字印文曰。建子城門校尉。桉漢書百官公卿表。城門校尉。掌京師城門屯兵。三輔黃圖云長安城北出〔三〕第二門曰廚城門。王莽更名建子門。廣世亭。此莽官之印也。

司馬右前士封泥

右封泥五字印文曰。司馬右前士。桉續漢書百官志城門校

尉屬官司馬一人。侯一人。注周禮。每門下士二人。干寶曰。如今門侯。北軍中侯屬官五營校尉。屬官皆有司馬。其四皆有士。惟長水校尉未言有士。周禮夏官有司士。此當是莽官之印也。

師尉大夫封泥

右封泥五字印文曰。師尉大夫章。桉漢書王莽傳。分三輔爲六尉郡。師古曰。三輔黃圖云。高陵以北十縣屬師尉大夫[四]。傳又曰。大司空保師尉。又田況拜師尉大夫。此莽官之印也。

師尉大夫丞封泥

右封泥五字印文曰。師尉大夫丞。桉漢書百官公卿表。郡尉。有丞。秩皆六百石。莽之師尉大夫有丞。是如郡尉之丞也。

豫章南昌連率封泥

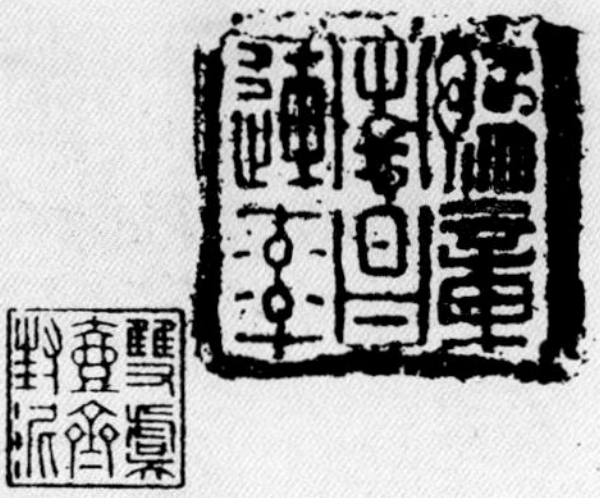

右封泥六字印文曰。豫章南昌連率。桉漢書王莽傳。天鳳元

年莽以周官王制之文置卒正連率又曰公氏作牧侯氏卒正伯氏連率子氏屬令男氏屬長皆世其官又據錢氏十六長樂堂古器款識王莽連率虎符其背文曰新與武亭汜汜連率爲虎符證以是印知莽所置連率皆治二郡爲史所未詳

攷豫章郡高帝置莽曰九江屬揚州南昌縣莽曰宜善此不曰九江宜善而曰豫章南昌當是莽初置連率時尚未改郡縣名故仍曰豫章南昌乃一郡名一縣名也前攷以豫章南昌爲二郡亦有未當今以王莽河平連率虎符證之腹文曰

河平郡左二背文曰新與河平羽貞連率爲虎符河平爲漢平原郡羽貞爲漢平原郡之縣亦是一郡一縣眞史所未詳矣其錢臧王莽連率虎符背文武亭氾氾者莽改郡名無武亭其郡名二字皆水旁者僅汝汾惟東郡莽曰治亭有清縣莽曰清治是以亭名郡縣名是二水旁亦是一郡一縣或亭上之半字似武之左半與抑治字與不知其腹文存某某郡左右數目字否再牂柯郡莽曰同亭夜郎縣同趙國莽曰桓亭亦是以亭名郡國而所屬無莽縣名从二水旁者自應是治亭清治連率虎符當以錢書攷之惜不得見原器詳察之

耳。又莽置連率見於莽傳者。有長沙連率翟義。長沙。秦郡。漢爲長沙國。翼平連率田況。莽翼平亭爲漢北海郡壽光縣。夙夜連率韓博。夙夜爲漢東萊郡不夜縣。九江連率賈萌。九江爲漢豫章郡。郡國縣名俱有。僅載其一。亦似有闕。傳又云。其後。歲復變更。一郡至五易名。而還復其故。吏民不能紀。每下詔書。輒繫其故名。亦可見莽之制度煩碎矣。是泥至微而徵之莽傳。證以虎符。攷之封印。可補史乘。斯亦好古之幸己。

河南大尹封泥

右封泥五字印文曰。河南大尹章。桉漢書地理志。河南郡。故秦三川郡。高帝更名。莽曰保忠信鄉。王莽傳。始建國元年改郡太守爲大尹。天鳳元年更名河南大尹曰保忠信鄉。志傳異此曰河南大尹。是莽元鳳以前之印也。

吾符大尹封泥

右封泥五字印文曰。吾符大尹章。桉漢書地理志。沛郡。故秦泗水郡。高帝更名。莽曰吾符。屬豫州。大尹。詳前。

鉅鹿大尹封泥

右封泥五字印文曰。鉅鹿大尹章。莽仍漢郡名未改者。鉅鹿郡及大尹。詳前。

泰山大尹封泥

右封泥五字印文曰。泰山大尹章。莽仍漢郡名未改者。泰山及大尹。詳前。

文陽大尹封泥

右封泥五字印文曰。文陽大尹章。桉漢書地理志。魯國汶陽

縣。莽曰汝亭。屬豫州。稽疑。曰前漢屬徐州。後書王梁傳作文陽。注云。文音汝。文陽汝陽無郡而曰大尹。且改縣名爲汝亭。其無郡太守明矣。史雖不足。自是莽官之印。又攷漢銅印有文陽長印。見繆篆分韻。漢碑俗名竹葉者。汝陽皆作文陽。古布亦有作文陽者。又莽以縣爲郡甚多。見前豫章南昌連率。均此印之證也。

鴈郡大尉封泥

右封泥五字印文曰。鴈郡大尉章。桉漢書地理志。鴈門郡。秦置。屬幷州。莽曰塡狄。王莽傳。始建國元年攺郡都尉曰大尉。此曰大尉而不曰塡狄。自是攺郡名之前。去門字以成五字耳。

富成宰封泥

右封泥五字印文曰。富成宰之印。桉漢書地理志。西河郡富昌縣。莽曰富成。王莽傳。始建國元年改縣令長曰宰。此莽官之印也。

□□矦封泥

右封泥五字印文曰。□□矦印章。攷兩漢矦印皆四字爲文。曰印。唯新莽公矦等印用五字。曰印章。然則是印矦上二字雖不可攷。其爲莽時矦印無疑。

逼睦子封泥

右封泥五字印文曰○逼睦子印章○桉漢書王莽傳○始建國元

年封王氏齊縗之屬爲矦。大功爲伯。小功爲子。[六]緦麻爲男。其女皆爲任。師古曰。任。充也。男服之義。男亦任也。音任。[七]男以睦女以隆爲號焉。師古曰睦隆皆其受封邑之號取嘉名也。皆以印紱則此逼睦子及下愿睦豐睦等子。皆莽小功之屬封爵也。攷漢書地理志注。莽縣名有統睦篤睦順睦興睦等。則此封爵皆當有其地。今不可攷耳。簠齋臧有莽銅印曰睦子則相[八]。亦以睦爲號者。

愿睦子封泥

右封泥五字印文曰。愿睦子印。章。子詳前。

豐睦子封泥

右封泥五字印文曰。豐睦子印章。子。詳前。

盈睦子封泥

右封泥五字印文曰。盈睦子印章。子。詳前。

秩睦子封泥

右封泥五字印文曰。秩睦子印章。子。詳前。

進睦子封泥

右封泥五字印文曰。進睦子印章。子。詳前。

相安子封泥

右封泥五字印文曰。相安子印章。子。詳前。

傳符子封泥

右封泥五字印文曰。傳符子印章。子。詳前。

□□子封泥

右封泥五字印文曰。□□子印章。子上二字缺。子詳前。

操武男封泥

右封泥五字印文曰。操武男印章。桉漢書王莽傳。居攝元年西羌龐恬傅幡等怨莽奪其地作西海郡。反攻西海。莽遣護羌校尉竇況擊之。二年春。竇況等擊破西羌。九月東郡太守翟義立嚴鄉侯劉信爲天子。移檄郡國誅莽。莽惶懼。遣王邑孫建等八將軍擊義。槐里男子趙明霍鴻等起兵。以和翟義。莽恐。遣將軍王奇王級將兵距之。以太保甄邯爲大將軍。十二月王邑等破翟義於圉。三年春王邑等還京師。西與王級等合擊明鴻。皆破滅。莽大置酒未央宮白虎殿。勞賜將帥。詔陳崇治校軍功。第其高下。莽奏請諸將師當受爵邑者爵五等。地四等。奏可。於是封者高爲矦伯。次爲子男。當賜爵關內矦者更名曰附城。凡數百人。擊西海者以羌爲號。槐里以武爲號。翟義以虜爲號。則此操武男與下趨武。弟武等男皆以擊槐里功而封者也。

趨武男封泥

右封泥五字印文曰。趨武男印章。武及男詳前。

弟武男封泥

右封泥五字印文曰。弟武男印章。武及男。詳前。

當武男封泥

右封泥五字印文曰。當武男印章。武及男詳前。

信武男封泥

右封泥五字印文曰。信武男印□。章武及男。詳前。

恢□男封泥

右封泥五字印文曰。恢□男印章。恢下或是武。男詳前。

□□男封泥

右封泥五字印文曰。□(似甯)□(似虜)男印章。此莽以擊翟義功而封者也。男。詳前。

□□男封泥

右封泥五字印文曰□□男印章封號上二字不可意擬下一字左下是多句自是莽封爵印而非西海槐里翟義之封矣男詳前弟二字似貔豹莽有九虎將軍或其類與

□□男封泥

右封泥五字印文曰。□□男印章。封號二字缺。男詳前。

□□男封泥

右封泥五字印文曰。□□男印章。封號二字缺。男詳前。

昌武□封泥

右封泥五字印文曰。昌武□印章。武下一字不可審釋。自是葬時印。附葬子男印後。

厚陸任封泥

右封泥五字印文曰。厚陸任之印。桉漢書王莽傳。封王氏爲

五等。其女皆爲任。男以睦。女以隆爲號焉。師古曰。睦隆皆其受封邑之號。取嘉名也。又所見莽時子男印。有通睦愿睦雝睦喜睦等。與傳合。則任之封邑。當曰隆矣。而印文皆作陸。余謂陸與睦同義。易莧陸。虞注。陸和睦也。莽皆取睦族之義。又據莽傳。言姚嬀陳田王五姓皆黃虞之苗裔。予之同族也。書不云乎。惇序九族。封陳崇爲統睦侯。田豐爲世睦侯。姚恂爲初睦侯。嬀昌爲始睦侯。其爲取睦族之義益信。陸隆形相似。音相近。易誤耳。小顏未知隆爲陸之誤字。故以爲取嘉名也。

樂陸任封泥

右封泥五字印文曰。樂陸任之印。陸及任詳前。

永陸任封泥

右封泥五字印文曰。永陸任之印。陸及任。詳前。

安陸任封泥

右封泥五字印文曰。安□陸任□之。印陸。及任。詳前。

□□任封泥

右封泥五字印文曰。□□任之印。封號缺。任詳前。

渥符子夫人封泥

右封泥五字印文曰。渥符子夫人。桉漢書地理志。涿郡樊輿縣。莽曰握符。此作渥。當以印爲正。王莽傳。始建國元年令諸矦立太夫人夫人世子。亦受印紱。

同心國丞封泥

右封泥四字印文曰。同心國丞。桉漢書王莽傳。居攝元年安

陽矦王舜子匡封同心矦。又漢書百官公卿表。諸矦王丞相
統眾官。景帝中五年改丞相曰相。又云長丞皆損其員。又云
成帝綏和元年更令相治民。如郡太守。又云郡守有丞。又云
列矦所食國有家丞。不云有國丞。又國丞文屢見漢銅印中。
自是史有闕略。此丞是相如郡守後所置之官。莽時王匡矦
國相之丞印也。

昌□國□封泥

右封泥四字印文止存上半昌國二字。昌下之字不可肊揣。國下或是丞字。姑附國丞後。未必是莽印矣。

奉新公家丞封泥

右封泥五字印文曰。奉新公家丞。桉漢書王莽傳。始建國元年以京兆王興爲衛將軍。奉新公。家丞。詳前。

州武男家丞封泥

右封泥五字印文曰。州武男家丞。武男及丞。詳前。莽時印也。

守節男家丞封泥

右封泥五字印文曰。守節男家丞。葬時印也。男及丞。詳前。

鄉□德□家□封泥

右封泥六字印文曰。鄉□德□家□。桉吳氏稽古齋印譜有喜威德男家丞。則此德下乃男字。家下乃丞字。亦莽時男家丞之印也。男及家丞。詳前。

卷八校記

〔一〕『熉』，按《漢書·王莽傳》作『頌』。稿本作『頌』。又『赤煒頌平，考聲以律』爲太傅之職，國師『典致時陽，白煒象平，考量以銓』。

〔二〕『出』，按元致和元年余氏勤有堂刻本、清乾隆四十九年畢沅靈巖山館刻經訓堂叢書本《三輔黄圖》，以及中華書局二〇〇五年版《三輔黄圖校釋》，皆無『出』字。

〔三〕『侯』，按《後漢書·百官志》作『候』。下同。稿本皆作『候』。

〔四〕『師尉大夫』，按《漢書·王莽傳》作『師尉大夫府』。

〔五〕『長沙連率翟義』，按《漢書·王莽傳》作『長沙連率馮英』。

〔六〕『緦』，按《漢書·王莽傳》作『緦』。稿本作『緦』。

〔七〕『任』，按《漢書·王莽傳》作『壬』。稿本作『壬』。

〔八〕『睦子則相』，稿本作『宏睦子則相』。存世新莽官印有『弘睦子則相』。

〔九〕『師』，按《漢書·王莽傳》作『帥』。稿本不誤。

封泥攷略卷九目

海豐吳式芬子苾
濰縣陳介祺壽卿同輯

新莽僞封號印封泥

附城

篤固里附城　陳臧

桼于里附城　吳臧

福于□□□上半左半均缺　陳臧

□祉□附城上半缺　吳臧

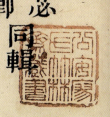

和睦里附城 吳臧

李和里附城 吳臧

相安□□ 左半下半均缺 吳臧

顯美里附城 吳臧

顯美里附□ 左半缺 吳臧

揚昌里附□ 左半缺 吳臧

壹腸里附城 陳臧

陽廣□□□ 左半缺 吳臧

昭仁里附□ 左半缺 吳臧

仁勇里附城 陳臧

樂豈里附城 左半缺 吳臧

樂用里附城 吳臧

脩光里附城 陳臧

弘光里附□ 左半下半均缺 陳臧

心定里附□ 左半缺 陳臧

□定□附□ 左半缺 陳臧

廣心里附城 吳臧

通恥里附城 吳臧

獻耽里附城　吳臧

修耽里附□左半缺　吳臧

□耽里附城耽上字不可釋　陳臧

固識里附城　吳臧

守識里附城　陳臧

敦識里附城　吳臧

綽衙里附城　陳臧

□衙里附城　吳臧

莊□里□□左半下半均缺　陳臧

敬□里□□　左半下半均缺　陳藏

思守里附□　左半缺　吳藏

□守□附□　上半左半均缺　陳藏

思濟里附城　陳藏

思濟里附□　左半缺　陳藏

盪趙里附城　吳藏

尊龐里附城　陳藏

正行里附城　陳藏

盛熾里附城　陳藏

囂成里附城　吳臧

善田里□□　左半缺　陳臧

原利里附城　陳臧

盡節里附城　陳臧

張盜里附城　陳臧

□恩□附□　上半左半均缺　陳臧

□逆里附城　上半缺　吳臧

翼□里附城　里名第二字泐　吳臧

□□里附城　里名泐。不可審釋　吳臧

蔡□里□□　左半下半均缺　吳臧

宣□里□□　左半下半均缺　吳臧

所□里□□　左半下半均缺　吳臧

□□里附城　右半缺　陳臧

□□里附城　右半缺　吳臧

□□里附城　右半缺　吳臧

□□里附城　右半下半均缺　吳臧

□□□□城　右半缺　吳臧

封泥攷略卷九

篤固里附城封泥

右封泥五字印文曰。篤固里附城。形如半丸。土色正紫。疑亦武都泥也。

梁于里附城封泥

右封泥五字印文曰○梁于里附城○桉漢書王莽傳○居攝三年

春莽奏請諸將帥當受爵邑者爵五等。地四等。奏可。於是封者高爲侯伯。次爲子男。當賜爵關內侯者更名曰附城。凡千五百一十一人。又封牧爲男。守爲附城。又曰附城大者食邑九成。衆戶九百。土方三十里。自九以下。降殺以兩。至於一成。如淳曰。十里爲成。又曰。辟任附城食其邑。師古曰。辟君也。任。公主也。又封都匠仇延爲邯淡里附城。師古曰。邯淡。豐盛之意。據此則梁于及顯美等。皆非古地名矣。新莽里名。今不可攷。古庸墉一字。附城。卽仿古附庸文。附于五等之封。里名。卽所食之邑以里計者也。

福于□□□封泥

右封泥印文曰。福于□里□附□。城附城。詳前。

□祉□附城封泥

右封泥印文曰。□祉□里附城。附城。詳前。

和睦里附城封泥

右封泥印文曰。和睦里附城。附城。詳前。

李和里附城封泥

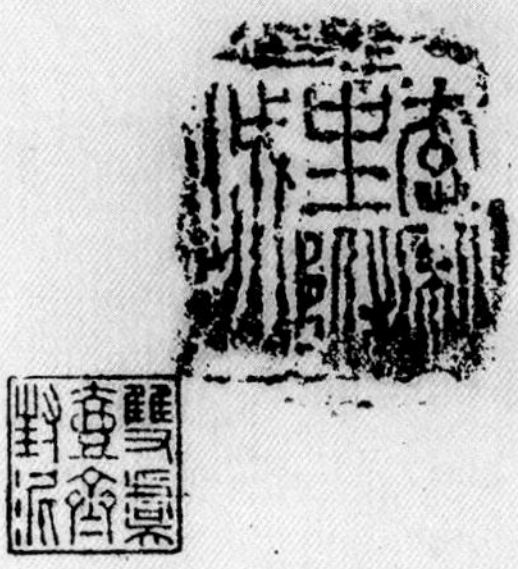

右封泥印文曰。李和里附城。附城。詳前。

相安□□□封泥

右封泥印文曰。相安□里□附□。城附城。詳前。

顯美里附城封泥

右封泥印文曰。顯美里附城。附城。詳前。

顯美里附□封泥

右封泥印文曰。顯美里附□。城 附城。詳前。

揚昌里附□封泥

右封泥印文曰。揚昌里附□。城 附城。詳前。

壹陽里附城封泥

右封泥印文曰。壹陽里附城。附城。詳前。

陽廣□□□封泥

右封泥印文曰。陽廣□里□附□。城附城。詳前。

昭仁里附□封泥

右封泥印文曰○昭仁里附□○城 附城○詳前○

仁勇里附城封泥

右封泥印文曰。仁勇里附城。附城。詳前。

樂豈里附城封泥

右封泥印文曰。樂豈里附□。城附城。詳前。

樂用里附城封泥

右封泥印文曰。樂用里附城。附城。詳前。

脩光里附城封泥

右封泥印文曰。脩光里附城。附城。詳前。

弘光里附城封泥

右封泥印文曰。弘□光□里□附□。城附城。詳前。

心定里附城封泥

右封泥印文曰。心定里附□。城 附城。詳前。

□定里附城封泥

右封泥印文曰。□定□里□附□。城附城。詳前。

廣心里附城封泥

右封泥印文曰。廣心里附城。附城。詳前。

逼恥里附城封泥

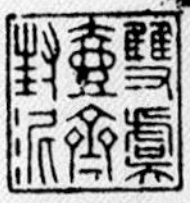

右封泥印文曰。逼恥里附城。附城。附城詳前。

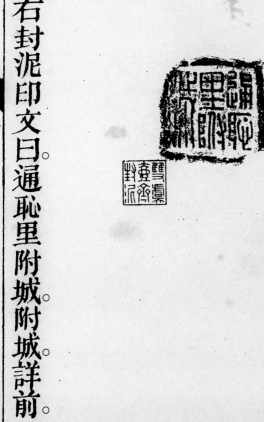

獻恥里附城封泥

右封泥印文曰。獻恥里附城。附城。詳前。

脩耏里附城封泥

右封泥印文曰。脩耏□里□附□。城附城。詳前。

□恥里附城封泥

右封泥印文曰。□恥里附城。附城。詳前。

固識里附城封泥

右封泥印文曰。固識里附城。附城。詳前。

守識里附城封泥

右封泥印文曰。守識里附城。附城。詳前。

敦識里附城封泥

右封泥印文曰。敦識里附城。附城。詳前。

綽衡里附城封泥

右封泥印文曰。綽衡里附城。附城。詳前。

□衡里附城封泥

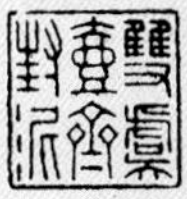

右封泥印文曰。□衡里附城。附城。詳前。

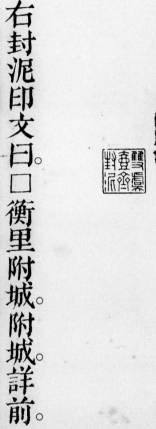

莊□里附城封泥

右封泥印文曰。莊□□里□附□。城附城。詳前。

敬□里附城封泥

右封泥印文曰。敬□里□附□。城附城。詳前。

思守里附城封泥

右封泥印文曰。思守里附□。城附城。詳前。

□守里附城封泥

右封泥印文曰。□守□里附□城。附城。詳前。

思濟里附城封泥

右封泥印文曰。思濟里附城。附城詳前。

思濟里附城封泥

右封泥印文曰。思濟里附□。城 附城。詳前。

盦趙里附城封泥

右封泥印文曰。盦趙里附城。附城。詳前。

尊龐里附城封泥

右封泥印文曰。尊龐里附城。附城。詳前。

正行里附城封泥

右封泥印文曰。正行里附城。附城。詳前。

盛熾里附城封泥

右封泥印文曰。盛熾里附城。附城。詳前。

囂成里附城封泥

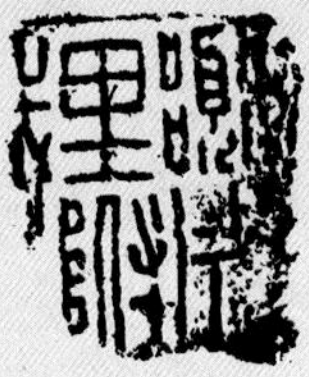

右封泥印文曰。囂成里附城。附城。詳前。

善田里附城封泥

右封泥印文曰。善田□里□附□。城附城。詳前。

原利里附城封泥

右封泥印文曰。原利里附城。附城。詳前。

盡節里附城封泥

右封泥印文曰。盡節里附城。附城。詳前。

張盌里附城封泥

右封泥印文曰。張盌里附城。附城。詳前。

□恩里附城封泥

右封泥印文曰。□恩里附城。附城。詳前。

□逆里附城封泥

右封泥印文曰。□逆里附城。附城。詳前。

翼□里附城封泥

右封泥印文曰。翼□里附城。附城。詳前。

□□里附城封泥

右封泥印文曰。□□里附城。里名泐。似承德二字。附城詳前。

蔡□里附城封泥

右封泥印文曰。蔡□□里□附□。城附城。詳前。

宣□里□□封泥

右封泥印文曰。宣□里□附□。城附城。詳前。

所□里附城封泥

右封泥印文曰。所□里□附□城。附城。詳前。

□□里附城封泥

右封泥印文曰。□□里附城。里名缺。附城。詳前。

□□里附城封泥

右封泥印文曰。□□里附城。附城。詳前。

□□里附城封泥

右封泥印文曰。□□里附城。附城。詳前。

□□里附城封泥

右封泥印文曰。□□里附城。附城。詳前。

□□□□城封泥

右封泥印文僅存一城字。亦附城印也。

封泥攷略卷十目

海豐吴式芬子苾
濰縣陳介祺壽卿　同輯

臣寶陳臧
臣普陳臧
臣譚陳臧
臣誧陳臧
臣晨陳臧
臣憲陳臧
臣定國陳臧
臣廣德陳臧
臣安漢陳臧

臣幸臣陳臧三

臣當多陳臧

漢妾名印封泥

妾聖陳臧

妾喻陳臧

妾連期陳臧

漢私印封泥同印舉例

姓名

芻狀陳臧

王末 陳臧

王聞 吳臧

王□下一字不可釋 吳臧

莊疆 吳臧

田志 吳臧

田固半通印 陳臧

李直 陳臧

魏憲 陳臧

□龤上一字不可審釋 陳臧

□憙上一字不可審釋　陳臧

復姓名

公孫適陳臧

□閭樂第一字殘　陳臧

姓名印

展仁印陳臧

復姓名印

司馬舜印陳臧

公孫强印陳臧

姓名名印
李乃始印 吳臧
鄭延年印 吳臧
爰當口印 第三字殘 吳臧
丁方渠印 吳臧
將匠綸印 吳臧
姓名之印
顏房之印 陳臧
王博之印 陳臧

王昌之印 陳臧
宋喜之印 陳臧
郭元之印 陳臧
田充之印 陳臧
筍勝之印 陳臧
周喜之印 吳臧
李賢之印 吳臧
黄輔之印 吳臧
姓名私印

王圍私印 陳藏

房衍私印 陳藏

黄驩私印 陳藏

成禹私印 陳藏

崔敞私印 吳藏

袁政私印 吳藏

姓名印信

焦殷印信 吳藏

附古一字小印封泥

信 又一橫在下　陳藏

坿鳥篆印封泥

筍□多 第二字不可釋　陳藏

坿閒文印封泥

中意 半通印　吳藏

坿殘封泥

□將士 古於漢封泥　陳藏

□古 存左半二字。上一字不可釋　陳藏

深鴻 存右半二字　吳藏

□作□匠 存下半二字 吴藏

長丞 存左半二字 陳藏

章 存右半下一字 陳藏

封泥攷略卷十

臣光封泥

右封泥二字印文曰。臣光。按前漢書傳。魯恭王餘子安王劉光。大司馬大將軍霍光。鄭吉子嗣安遠侯光。丞相孔光。莽傳。

兄子衍功矦王光。此臣光印旣大。又泥如大丸。厚於封泥兩倍。與後臣某者當是一時之制。其人必不甚相遠。大臣用以上書。如秦詔臣狀臣綰臣斯臣去疾之文。似丞相御史大夫皆有臣某印。用以封牘。而不以官印。特史闕不足徵耳。又漢書高后紀。丞相臣平言。謹與絳矦臣勃曲周矦臣商潁陰矦臣嬰安國矦臣陵等議。師古曰。陳平。周勃。酈商。灌嬰。王陵。文帝紀羣臣從至上議曰。丞相臣平太尉臣勃大將軍臣武服虔曰。柴武。御史大夫臣蒼文穎曰。張蒼。宗正臣郢文穎曰。劉郢。朱虛矦臣章東牟矦臣興居典客臣揭蘇林曰。劉揭也。再拜言。此漢曰臣某之證。

臣名封泥

右封泥二字印文曰。臣禹。桉前漢書傳。丞相安昌矦張禹。右將軍博陸矦霍禹。臣某。說見前。

臣名封泥

右封泥二字印文曰臣忠桉前漢書百官公卿表御史大夫尹忠張忠楊敞傳嗣安平矦子忠臣某說見前

臣名封泥

右封泥二字印文曰。臣信。桉前漢書百官公卿表。蓋侯王信爲太常。永始二年逢信爲衛尉。表傳名信者甚多。臣某說。見前。

臣名封泥

右封泥二字印文曰。臣賜。桉前漢書百官公卿表。本始三年大司農淯于賜。淮南厲王傳。子賜。衡山王。劉向傳。子賜。九卿丞。臣某說。見前。

臣名封泥

右封泥二字印文曰臣寶桉前漢書百官公卿表光祿大夫大司農孫寶臣某說見前

臣名封泥

右封泥二字印文曰。臣普。桉前漢書百官公卿表。建始元年騏侯駒普爲太常。清河哀王傳。來孫共王普。臣某說。見前。此與臣譚臣誧臣晨臣憲印。又爲最大者。

臣名封泥

右封泥二字印文曰。臣譚。桉前漢書百官公卿表。御史大夫張譚。大司農弘譚。王訢傳。嗣宜春侯子譚。元后傳。平阿侯王譚。臣某說見前。

臣名封泥

右封泥二字印文曰臣誧臣某說見前

臣名封泥

右封泥二字印文曰。臣晨。臣某。說見前。

臣名封泥

右封泥二字印文曰。臣憲。臣某說。見前。

臣名封泥

右封泥三字印文曰。臣定國。桉前漢書傳。丞相于定國。于公子也。臣某說。見前。

臣名封泥

右封泥三字印文曰。臣廣德。桉前漢書傳。御史大夫薛廣德。

臣某説。見前。

臣名封泥

右封泥三字印文曰。臣安漢。臣某說見前。

臣名封泥

右封泥三字印文曰。臣幸臣。臣某說。見前。

臣名封泥

右封泥三字印文曰。臣當多。臣某說。見前。

妾名封泥

右封泥二字印文曰。妾聖。桉此曰妾。當是后妃及宮中女官所用。而名不可攷已。簠齋陳氏臧有纏仔妾趙玉印。妾某銅印鉛印。海豐吳氏臧有妾繻玉印。皆漢制也。

妾名封泥

右封泥二字印文曰。妾喻。妾某說見前。

妾名封泥

右封泥三字印文曰。妾連期。左氏傳。懷嬴孕過期。百官公卿表。大行令過期。簠齋陳氏臧漢銅印文曰謝倚期。是名子一義也。或曰。過亦有姓。妾某說。見前。以上臣某妾某封泥十八式。與泥皆同。自是前漢物。

姓名封泥

右封泥二字印文曰○多朕○秦以前物也○

姓名封泥

右封泥二字印文曰。王未。中有闌。亦似秦物。

姓名封泥

右封泥二字印文曰○王聞○

姓名封泥

右封泥二字印文曰。王□。

姓名封泥

右封泥二字印文曰○莊疆○

姓名封泥

右封泥二字印文曰○田志○

姓名封泥

右封泥二字印文曰田固。有横闌。

姓名封泥

右封泥二字印文曰。李直。

姓名封泥

右封泥二字印文曰。盩憲。

姓名封泥

右封泥二字印文曰。□齝。說文。齝齧也。

姓名封泥

右封泥二字印文曰。□憙。

復姓名封泥

右封泥三字印文曰。公孫適。

復姓名封泥

右封泥三字印文曰□閭樂。

姓名印封泥

右封泥三字印文曰。展仁印。

復姓名印封泥

右封泥四字印文曰。司馬舜印。出齊地。

復姓名印封泥

右封泥四字印文曰。公孫強印。有十字闌。似秦印。

姓名名印封泥

右封泥四字印文曰李乃始印。

姓名名印封泥

右封泥四字印文曰。鄭延年印。

姓名名印封泥

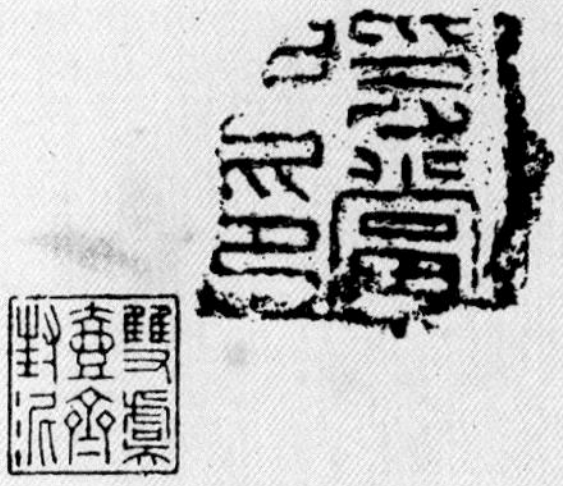

右封泥四字印文曰㚇當□印。

姓名名印封泥

右封泥四字印文曰。丁方渠印。

姓名名印封泥

右封泥四字印文曰将匠綸印。

姓名之印封泥

右封泥四字印文曰。顏房之印。出齊地。

姓名之印封泥

右封泥四字印文曰。王博之印。博名加之以成四字。簠齋陳氏臧有金印。文同。

姓名之印封泥

右封泥四字印文曰。王昌之印。

姓名之印封泥

右封泥四字印文曰。宋喜之印。出齊地。

姓名之印封泥

右封泥四字印文曰。郭元之印。

姓名之印封泥

右封泥四字印文旋讀。曰田充之印。或曰充之名。

姓名之印封泥

右封泥四字印文旋讀曰。筍勝之印。或曰。勝之。名。

姓名之印封泥

右封泥四字印文曰。周喜之印。

姓名之印封泥

右封泥四字印文曰。李賢之印。

姓名之印封泥

右封泥四字印文曰。黃輔之印。

姓名私印封泥

右封泥四字印文曰。王罔私印。罔从㞢。不从山。出齊地。

姓名私印封泥

右封泥四字印文曰。房衏道私印。

姓名私印封泥

右封泥四字印文曰。黃驩私印。

姓名私印封泥

右封泥四字印文曰。成禹私印。

姓名私印封泥

右封泥四字印文曰。崔徵私印。

姓名私印封泥

右封泥四字印文曰○袁政私印○

姓名印信封泥

右封泥四字印文曰。焦殷印信。

信字封泥

右封泥古印文曰信。又一横在下。出臨菑。與封牘者不同式。

鳥篆封泥

右封泥三字鳥篆文曰。筍□多。三字平列。

閒文封泥

右封泥二字印文曰○中意○

殘封泥

右封泥印文存三字。其二似將士。字古於漢封泥。自是秦以上物。

殘封泥

右殘封泥存□古二字上一字不可釋。

殘封泥

右殘封泥存深鴻二字。

殘封泥

右殘封泥存作匠二字。

殘封泥

右殘封泥存長丞二字。

殘封泥

右封泥僅存一章字。

卷十校記

〔一〕『陳藏』，按封泥收藏印作『雙虞壺齋封泥』，應爲吴式芬藏印。

〔二〕『清河哀王傳來孫共王普』，按《史記·五宗世家》，《漢書·清河哀王乘傳》《諸侯王表》，清河哀王乘以孝景中三年立，十二年薨，無後，國除。故共王普不應爲清河哀王來孫。《漢書·常山憲王舜傳》《諸侯王表》載，常山憲王舜子平，立爲真定王，薨，子烈王偃嗣，薨，子孝王申（各本《諸侯王表》均作『申』，《常山憲王舜傳》均作『由』）嗣，薨，子安王雍嗣，薨，子共王普嗣。則共王普應爲常山憲王舜來孫。

〔三〕『后妃』，當作『后妃』。稿本不誤。

圖書在版編目（CIP）數據

封泥考略 ：點校本 / （清）吴式芬，（清）陳介祺輯；張月好點校. -- 杭州 ：西泠印社出版社，2022.5
ISBN 978-7-5508-3479-8

Ⅰ. ①封… Ⅱ. ①吴… ②陳… ③張… Ⅲ. ①封泥－研究－中國－秦漢時代 Ⅳ. ①K877.64

中國版本圖書館CIP數據核字(2021)第155088號

封泥考略：點校本

（清）吴式芬、（清）陳介祺輯　張月好點校

出品人　江　吟
責任編輯　伍　佳
責任出版　馮斌强
責任校對　劉玉立
裝幀設計　王　欣
出版發行　西泠印社出版社
（杭州市西湖文化廣場三十二號五樓　郵政編碼三一〇〇一四）
經　銷　全國新華書店
製　版　杭州如一圖文製作有限公司
印　刷　浙江海虹彩色印務有限公司
開　本　七八七毫米乘一〇九二毫米　十六開
印　張　六十九
印　數　〇〇〇一—一〇〇〇
書　號　ISBN 978-7-5508-3479-8
版　次　二〇二二年五月第一版　第一次印刷
定　價　玖佰捌拾圓

西泠印社出版社發行部聯繫方式：（〇五七一）八七二四三〇七九